Andreas Berger

Abschied auf vier Pfoten

AF286058

Bibliografische Information der Deutschen Nationalbibliothek:

Die Deutsche Nationalbibliothek verzeichnet diese Publikation in der Deutschen Nationalbibliografie; detaillierte bibliografische Daten sind im Internet über
http://dnb.d-nb.de abrufbar.

2. Auflage 2025

Herausgeber: Andreas Berger

ISBN: 978-3-7693-2339-9

Verlag: BoD · Books on Demand GmbH, Überseering 33, 22297 Hamburg, bod@bod.de

Druck: Libri Plureos GmbH, Friedensallee 273, 22763 Hamburg

Coverbild: © Andreas Berger

Umschlaggestaltung: Andreas Berger
Satz & Layout: Andreas Berger

Firmen und Produktnamen sind eingetragene Markenzeichen der jeweiligen Unternehmen.

Inhaltsverzeichnis

Vorwort

Der Tod gehört zum Leben so schwer diese Wahrheit auch wiegt. Früher oder später trifft er uns alle, in der einen oder anderen Form.

Ich glaube fest daran: Es ist nicht der Tod selbst, der schmerzt es ist der Abschied. Für den, der geht, endet etwas. Für jene, die zurückbleiben, beginnt eine Zeit der Leere. Solange wir über den Tod nachdenken, sind wir die Zurückgebliebenen die Liebenden, die Vermissenden. Und dieser Schmerz kennt keinen Unterschied zwischen Mensch und Tier. Wo Liebe war, ist Trauer. Und wo Trauer ist, war tiefe Verbundenheit.

Der Verlust eines geliebten Haustieres kann ebenso tief schmerzen wie der eines Menschen. Oft stehen uns Tiere sogar näher als manche Menschen. Sie begleiten uns bedingungslos, urteilen nicht, hören zu einfach so, still und treu. Sie sind da, jahrelang, manchmal jahrzehntelang. Wie könnte es einen da nicht treffen, wenn dieses Tier seinen Weg über die Regenbogenbrücke geht hinauf in den Sternenhimmel!

Ich selbst musste leider viele Tiere auf diesem letzten Weg begleiten. Jedes Mal habe ich einen tiefen Verlust gespürt und jedes Mal ist ein Stück von mir mitgegangen.

Aus meiner eigenen Trauer heraus entstand die Idee zu "Stellanube-Animals", einem digitalen Tierfriedhof, der mir half, unverarbeitete Verluste aufzuarbeiten. Dieses Portal schenkt Raum für Erinnerungen neue wie alte.

Es bietet einen Ort, an dem wir festhalten können, was uns lieb und wichtig war. Doch dieses Buch handelt nicht nur von "stellanube-animals". Es soll vor allem Wege aufzeigen, wie man mit Trauer umgehen kann besonders dann, wenn sie nicht nachlässt und zu einer Belastung wird. Ich möchte Ihnen verschiedene Möglichkeiten der Trauerbewältigung näherbringen und erklären, wie man aus der Tiefe des Schmerzes wieder ins Leben zurückfinden kann.

Wir werden gemeinsam versuchen, die Prozesse des Trauerns besser zu verstehen. Denn auch wenn dieses Thema oft vermieden wird Sie sind nicht allein. Viele Menschen erleben ähnliche Gefühle.

Ich wünsche mir, dass dieses Buch ein hilfreicher Begleiter für Sie wird. Wer Trauer versteht, kann leichter mit ihr umgehen. Und vielleicht kann ich Sie mit diesen Zeilen ein wenig unterstützen in Ihrer Trauer, in Ihrem Erinnern und auf Ihrem Weg zurück ins Licht.

Ihr
Andreas Berger

Einleitung

Der Umgang mit der Trauer

Wer schon einmal ein geliebtes Haustier verloren hat, weiß, wie tief dieser Verlust gehen kann. Je enger die Bindung war, desto schwerer fällt das Loslassen. Haustiere sind oft nicht nur Begleiter, sondern Familienmitglieder mit ihnen teilen wir Verantwortung, Alltagsmomente und emotionale Nähe. Wenn sie gehen, hinterlassen sie eine spürbare Leere.

Viele Menschen finden nach einer Phase der Trauer wieder in den Alltag zurück. Doch es gibt auch jene, die in ihrer Trauer stecken bleiben und nicht mehr allein herausfinden. Für sie und vielleicht auch für Sie möchte ich mit diesem Buch eine Stütze sein. Ich gehe darin ausführlich auf das Thema Trauer ein: Was ist Trauer überhaupt? Welche Phasen kann sie durchlaufen? Was macht sie mit uns körperlich, seelisch und sozial? Darüber hinaus zeige ich Wege und Strategien auf, wie man lernen kann, mit dem Verlust umzugehen praktisch und zugleich mit viel Einfühlungsvermögen.

Die Inhalte basieren auf meinen eigenen Erfahrungen, aber auch auf zahlreichen Fachquellen, die ich im Buch an entsprechender Stelle anführe. Eines ist mir dabei besonders wichtig: Trauer braucht Raum, Zeit und Mitgefühl. Es geht nicht um "schnelles Loslassen", sondern um Verstehen, Zulassen und behutsames Weitergehen. Es gibt

keinen festen Zeitrahmen, in dem ein Verlust „überwunden"
sein muss. Doch wenn Trauer nicht weniger wird, wenn sie den
Alltag dauerhaft überschattet, kann das auf eine sogenannte
Trauerstörung hinweisen.

In solchen Fällen ist es wichtig, professionelle Hilfe in
Anspruch zu nehmen.
Sie sind mit Ihrer Trauer nicht allein. Lassen Sie uns
gemeinsam beginnen, dieses schwere Thema besser zu
verstehen in Ihrem Tempo, mit offenem Herzen.

Was bedeutet Trauer

Sprechen wir über Trauer

Trauer ist eine der tiefsten und ursprünglichsten Reaktionen des Menschen auf Verlust. Sie ist Ausdruck von Liebe, Verbundenheit und der schmerzhaften Erkenntnis, dass etwas unwiederbringlich vorbei ist. Wer trauert, spürt nicht nur Schmerz er erinnert, er sehnt sich, er versucht zu verstehen. Doch was genau ist Trauer?
Trauer ist mehr als Weinen oder Melancholie. Sie ist ein vielschichtiger seelischer Vorgang, der uns auf körperlicher, emotionaler, geistiger und sogar spiritueller Ebene fordert. Sie kann sich in Tränen zeigen, in Wut, in Erschöpfung oder auch in völliger Leere. Sie kann laut oder still sein, offen oder verborgen, kurz oder lang anhaltend.
Wie wir trauern, ist so individuell wie wir selbst. Unsere persönliche Geschichte, unsere Erziehung, unser Glaube, unsere Lebenserfahrung, all das prägt unseren Umgang mit dem Verlust. Ein Mensch, der bereits viele Verluste erlebt hat, geht womöglich anders mit der Trauer um als jemand, der zum ersten Mal mit dem Tod konfrontiert wird. Und wer mit einem Haustier in tiefer Verbindung gelebt hat, wird diesen Abschied oft ähnlich intensiv empfinden wie den eines nahen Menschen.
Auch kulturelle und religiöse Werte spielen eine große Rolle. In manchen Kulturen ist Trauer etwas Öffentliches man weint gemeinsam, spricht darüber, lässt Gefühle zu. In anderen Kulturen wird sie eher still und im Verborgenen durchlebt. Manche Menschen suchen Halt in Ritualen oder im Gebet,

andere finden Trost in der Natur, im Schreiben oder in Gesprächen mit Gleichgesinnten.

Keine dieser Arten ist „richtiger" oder „besser" – sie sind nur verschieden.

Trauer ist kein Zustand, den man „abschalten" oder „bewältigen" kann wie eine Aufgabe. Sie ist ein Prozess, der sich in Phasen zeigen kann Schock, Verleugnung, Wut, Verhandlung, tiefer Schmerz und schließlich langsame Akzeptanz. Doch auch diese Phasen verlaufen nicht bei jedem gleich und nicht linear. Manchmal kehren Gefühle wieder zurück, manchmal bleiben sie lange Zeit ungreifbar.

In diesem Kapitel möchte ich gemeinsam mit Ihnen die Facetten der Trauer erkunden mit offenem Blick und ehrlichem Mitgefühl. Denn nur wer versteht, was Trauer ist, kann beginnen, sie anzunehmen und irgendwann auch zu heilen.

Warum der Verlust eines Haustieres so schmerzhaft ist

Der Verlust eines Haustieres gehört zu den schwierigsten Erfahrungen, die ein Mensch durchleben kann. Für viele Tierhalter sind ihre Haustiere treue Gefährten, die ihnen über Jahre hinweg Freude, Trost und bedingungslose Liebe geschenkt haben. Doch warum genau ist der Verlust eines Haustieres so schmerzhaft? In diesem Kapitel wollen wir die Gründe für diese tiefe Trauer verstehen und den emotionalen Schmerz, den sie verursacht, näher beleuchten.

Haustiere nehmen oft eine zentrale Rolle in unserem Leben ein. Sie sind unsere ständigen Begleiter, unsere Vertrauten und manchmal sogar unsere besten Freunde. Die Bindung, die wir zu ihnen aufbauen, ist stark und tiefgehend. Diese enge Verbindung sorgt dafür, dass ihr Verlust einen erheblichen emotionalen Schmerz verursacht. Ein Haustier kann uns bedingungslos lieben und akzeptieren, etwas, das wir selbst von den engsten menschlichen Beziehungen nicht immer erwarten können. Die Rolle der Routine und Alltagsstruktur Haustiere sind fest in unseren Alltag integriert. Sie sind Teil unserer täglichen Routine vom morgendlichen Füttern bis zum abendlichen Spaziergang oder dem gemeinsamen Kuscheln auf der Couch. Ihr Verlust bedeutet nicht nur den Verlust eines geliebten Gefährten, sondern auch eine erhebliche Änderung unserer täglichen Gewohnheiten und Strukturen. Diese Veränderungen können Gefühle der Leere und Desorientierung verstärken und den Trauerprozess erschweren.

Der Verlust von Trost und emotionaler Unterstützung

Haustiere bieten uns Trost und emotionale Unterstützung in schwierigen Zeiten. Sie sind oft diejenigen, die uns zum Lachen bringen, uns trösten, wenn wir traurig sind, und uns das Gefühl geben, gebraucht und geliebt zu werden. Wenn ein Haustier stirbt, verlieren wir eine wichtige Quelle emotionaler Unterstützung, was den Schmerz des Verlusts noch verstärken kann.

Das Ende einer besonderen Beziehung

Die Beziehung zwischen Menschen und Tier ist einzigartig. Haustiere sind immer für uns da, sie urteilen nicht und lieben uns bedingungslos. Diese besondere Beziehung ist nicht einfach zu ersetzen. Der Verlust eines Haustieres bedeutet das Ende einer besonderen Verbindung, die oft Jahre andauerte. Diese Beziehung kann durch nichts und niemanden vollständig ersetzt werden, was den Trauerprozess besonders schmerzhaft macht.

Gesellschaftliche Missverständnisse und fehlende Anerkennung. Ein weiterer Grund, warum der Verlust eines Haustieres so schmerzhaft sein kann, ist das fehlende Verständnis und die Anerkennung durch die Gesellschaft. Während der Tod eines Menschen allgemein als tiefgreifender Verlust anerkannt wird, wird die Trauer um ein Haustier oft nicht mit der gleichen Ernsthaftigkeit betrachtet. Diese fehlende Anerkennung kann dazu führen, dass sich Trauernde isoliert und missverstanden fühlen, was den Schmerz und die Einsamkeit noch verstärkt.

Der Umgang mit Schuldgefühlen und Selbstvorwürfen

Viele Tierhalter erleben nach dem Tod ihres Haustieres Schuldgefühle und Selbstvorwürfe. Sie fragen sich, ob sie mehr hätten tun können, um das Leben ihres Tieres zu verlängern oder zu verbessern. Diese Gefühle können den Trauerprozess erheblich erschweren und die emotionalen Belastungen erhöhen. Der Umgang mit Schuldgefühlen ist ein wichtiger Aspekt der Trauerarbeit und erfordert oft viel Zeit und Selbstreflexion.

Fazit:

Der Verlust eines Haustieres ist eine tiefgreifende und oft sehr schmerzhafte Erfahrung. Die enge Bindung, die Routineänderungen, der Verlust emotionaler Unterstützung, die besondere Beziehung, gesellschaftliche Missverständnisse und Schuldgefühle sind nur einige der Gründe, warum dieser Verlust so schmerzhaft ist. Indem wir diese Gründe verstehen, können wir besser nachvollziehen, warum die Trauer um ein Haustier so intensiv sein kann, und lernen, wie wir mit dieser Trauer umgehen können.

Generelles über Trauer

Eine Ersteinführung, was ist Trauer, wie wird sie wahrgenommen. Welche Formen der Trauer gibt es.

Der Umgang mit Trauer ist eine universelle und schützende Reaktion auf Verluste, unabhängig davon, ob es sich um einen Menschen oder ein Tier handelt. Der dabei angestoßene Prozess umfasst eine Abfolge von verhaltensbezogenen, kognitiven, physischen und emotionalen Reaktionen, die sich mit der Zeit entwickeln. Trotz alledem bleibt Trauer eine einzigartige und sehr intime Erfahrung, die variiert und in direktem Zusammenhang mit der Person, dem Tier, seiner Lebensgeschichte und der Natur der Beziehung zum Verstorbenen steht. Der Begriff "Prozess" ist ein Schlüsselkonzept in der Trauerbewältigung. Trauer ist niemals ein statischer Zustand, sondern vielmehr ein dynamischer Prozess, der in verschiedenen Phasen abläuft. Die emotionalen Phasen wurden wie folgt beschrieben: Schock, Verleugnung, Wut, Verhandlung, Depression und letztendlich Akzeptanz. Diese Phasen, von der Psychiaterin Elisabeth Kübler-Ross beschrieben, sind nicht linear und jeder Mensch durchläuft sie mit eigenem Empfinden und im eigenen Tempo. Der Trauerprozess ist eine Abfolge, die sich dynamisch entwickelt und bei jedem Menschen unterschiedlich verläuft. Es ist wichtig zu erkennen, dass es keine festen Normen oder Zeitrahmen gibt, wie lange die Trauer dauert. Der individuelle Umgang mit Trauer hängt von verschiedenen Faktoren ab, darunter die persönliche Beziehung zum Verstorbenen und die eigenen Lebensumstände.

Trauerarbeit:

Die Trauerarbeit ist ein zentraler Bestandteil des Verarbeitungsprozesses nach dem Verlust eines geliebten Menschen oder Tieres. Sie erfordert die Auseinandersetzung mit intensiven Emotionen und ermöglicht es, die Beziehung zu dem Verstorbenen in einer neuen Form weiterzuführen. Es ist essenziell, sich die Zeit zu nehmen, um die eigenen Gefühle zu erfahren, auszudrücken und zu verarbeiten. Jeder Mensch bringt seine eigene Trauerhistorie, Diagnosen und Bewältigungsmechanismen mit in diesen Prozess, was die Einzigartigkeit der Trauererfahrung unterstreicht. Die Trauer selbst ist ein emotionaler Ausdruck der Liebe und Bindung, die zu dem Verstorbenen bestanden hat. Der Schmerz, den wir in Zeiten des Verlusts empfinden, ist oft direkt proportional zur Tiefe unserer Beziehung zu der Person oder dem Tier. Der Umgang mit der Trauer kann vielfältig und komplex sein, er kann von Schock und Traurigkeit bis zu Wut und Schuldgefühlen reichen. Diese verschiedenen Emotionen sind normale Reaktionen und stellen einen essenziellen Bestandteil der Trauerarbeit dar. Darüber hinaus zeigen körperliche Symptome, die häufig mit Trauer einhergehen, etwa Schlafstörungen, Appetitlosigkeit oder körperliche Beschwerden, wie sehr unser emotionales Wohlbefinden mit unserer physischen Gesundheit verwoben ist.

Diese Phänomene verdeutlichen, dass Trauer nicht nur eine psychologische, sondern auch eine körperliche Dimension hat.

Ein wichtiger Aspekt der Trauerarbeit ist, dass es keine festgelegten Regeln oder Zeitrahmen gibt, die den Trauerprozess definieren. Jeder Mensch hat sein eigenes Tempo und seine eigene Art, mit Verlusten umzugehen. Es ist entscheidend, dass Individuen nicht versuchen, ihre Trauer zu unterdrücken oder zu verleugnen, sondern sie aktiv und bewusst durchleben. Nur durch diesen Prozess kann eine neue Balance gefunden werden, die es ermöglicht, das Leben, ohne den geliebten Menschen oder das geliebte Tier fortzusetzen, während die Erinnerungen und die Liebe weiterhin einen Platz im Herzen haben.

Zusammenfassend lässt sich sagen, dass die Trauerarbeit eine unverzichtbare Reise ist, die uns nicht nur hilft, den Verlust zu akzeptieren, sondern auch das Leben wieder in seiner Fülle zu genießen, während wir gleichzeitig die liebevollen Erinnerungen bewahren. Trauer ist schmerzhaft, doch sie kann auch eine Quelle der Heilung und des Wachstums sein.

Arten der Trauer

Unterschiedliche Arten der Trauer:

Trauer ist in der Tat eine universelle Erfahrung, die in verschiedenen Formen auftritt und von zahlreichen Faktoren beeinflusst wird. Die Art des Verlustes, die Umstände des Todes und die Beziehung zur verstorbenen Person spielen eine wesentliche Rolle dabei, wie Trauer erlebt und verarbeitet wird. Hier sind einige der häufigsten Arten von Trauer und deren Merkmale:

1. Erwartete Trauer
Diese Form der Trauer tritt häufig nach einer längeren Krankheitsphase eines Tieres auf. Der Verlust wird oft als vorhersehbar angesehen, was dazu führen kann, dass die Trauernden Zeit haben, sich auf den Tod vorzubereiten. In dieser Form der Trauer können Trauernde oft die Emotionen von Traurigkeit, Bedauern, aber auch Erleichterung und Frieden erleben, da das geliebte Tier von seinen Schmerzen befreit wurde.

2. Unerwartete Trauer
Unerwartete Trauer tritt ein, wenn der Tod plötzlich und ohne Vorwarnung eintritt, z.B. durch einen Unfall oder eine plötzliche Krankheit. Diese Art von Trauer kann intensive, überwältigende Gefühle der Schockstarre, Leere und Unwirklichkeit hervorrufen. Trauernde können

Schwierigkeiten haben, die Realität des Verlustes zu akzeptieren und sich in der neuen Realität zurechtzufinden.

3. Komplizierte Trauer

Komplizierte Trauer (oder pathologische Trauer) tritt auf, wenn der Trauerprozess stark gestört ist und die Trauernden extreme und langanhaltende Emotionen oder Verhaltensweisen zeigen, die ihre Lebensqualität beeinträchtigen. Symptome können anhaltende Traurigkeit, Wut, Schuldgefühle oder intensive Traurigkeit sein, die länger als sechs Monate andauern und das tägliche Leben erheblich beeinträchtigen.

4. Antizipierte Trauer

Diese Art von Trauer tritt häufig ein, wenn der Tod eines geliebten Haustieres erwartet wird, beispielsweise bei terminal erkrankten Tieren. (letzte Phase einer chronischen, lebensbedrohlichen Erkrankung) Die Menschen haben Zeit, ihre Gefühle zu verarbeiten. Die Trauernden können sich mit Gedanken über den bevorstehenden Verlust auseinandersetzen, was ihnen helfen kann, ihre Emotionen zu artikulieren. Diese Art von Trauer kann die Möglichkeit bieten, Abschied zu nehmen und das eigene Verhältnis zum Tier zu klären.

5. Sekundäre Trauer

Nach dem Verlust eines geliebten Tieres kann es auch zu sekundärer Trauer kommen, die sich aus den Veränderungen im eigenen Leben ergibt, die durch den Verlust verursacht wurden.

Diese Form der Trauer kann Reflexionen über den eigenen Lebensweg, finanzielle Unsicherheiten oder das Fehlen sozialer Unterstützung umfassen. Trauernde können auch den Verlust von Routinen und sozialen Rollen erleben, was zu einem Gefühl von Isolation und Verwirrung führen kann.

6. Trauer nach Verlust eines Haustiers
Der Verlust eines geliebten Haustiers kann ebenso intensive Trauer hervorrufen wie der Verlust eines Menschen. Die Beziehung zu Haustieren kann sehr tief und bedeutungsvoll sein. Menschen, die um ein Haustier trauern, erleben oft Gefühle von Einsamkeit und Traurigkeit, die von Außenstehenden manchmal nicht vollständig verstanden werden. Diese Form der Trauer kann mit einem Gefühl des Verlusts von bedingungsloser Liebe und Begegnung einhergehen.

Bedeutung des Verständnisses der Trauerarten

Das Verständnis der verschiedenen Formen der Trauer ist entscheidend für die Anpassung der Unterstützung und Betreuung für Trauernde. Verschiedene Personen benötigen unterschiedliche Arten von Unterstützung, abhängig von ihrer Trauererfahrung: Individuelle Unterstützung: Es ist wichtig, die individuellen Bedürfnisse der Trauernden zu erkennen und zu respektieren, um geeignete Hilfe anzubieten. Sensibilität und Empathie: Indem wir die Arten von Trauer und ihre Auswirkungen verstehen, können wir sensibler und empathischer in unseren Reaktionen sein und den Trauernden die Unterstützung bieten, die sie wirklich brauchen. Anpassung von Trauerhilfe: Professionelle Trauerbegleiter und Therapeuten können spezifische Techniken und Interventionen entwickeln, die optimal auf die Art der Trauer und die Bedürfnisse des Einzelnen abgestimmt sind.

Insgesamt unterstreicht das Verständnis der Unterschiede in der Trauer, wie wichtig es ist, die damit verbundenen Emotionen und Herausforderungen zu erkennen, um den Betroffenen in ihrer Trauerzeit besser zur Seite stehen zu können.

Elisabeth Kübler-Ross

Das Modell der Trauerphasen

Das Modell der Trauerphasen von Elisabeth Kübler-Ross postuliert in ihrem Buch „Über den Tod und das Leben danach" (1969), ist ein wegweisendes Konzept zur Beschreibung der emotionalen und psychologischen Reaktionen auf Verlust und Trauer. Die fünf Phasen Leugnung, Wut, Verhandlung, Depression und Akzeptanz bieten einen Rahmen, der hilft, die komplexen Gefühle zu verstehen, die Menschen im Angesicht eines Verlustes empfinden können. Es ist wichtig zu beachten, dass dieses Modell zwar einen linearen Verlauf suggeriert, doch in der Realität können diese Phasen nicht unbedingt in dieser Reihenfolge oder einmal durchlaufen werden. Häufig erlebt der Trauernde eine Vielzahl von Emotionen, die sich überlappen und wiederholen können.

1. Leugnung:
In der ersten Phase der Leugnung reagiert die betroffene Person oft mit einem Unverständnis oder einer emotionalen Taubheit. Es kann schwer sein, den Verlust zu akzeptieren, und die Realität des Geschehens wird verweigert. Menschen in dieser Phase sagen häufig Sätze wie „Das kann nicht wahr sein" oder „Das ist nicht passiert". Leugnung kann als eine Art Schutzmechanismus betrachtet werden, der es ermöglicht, sich vor der Überwältigung durch die Trauer zu bewahren. In dieser Zeit können Gefühle des Schocks oder der Taubheit vorherrschen, was dem Trauernden ein Gefühl von Kontrolle über die Situation gibt, auch wenn es nur vorübergehend ist.

2. Wut:

Wenn die Realität des Verlustes zu erkennen beginnt, können sich Gefühle der Wut und des Zorns entwickeln. Trauernde könnten wütend auf sich selbst, andere Menschen oder sogar auf das verstorbene Tier sein. Diese Wut kann aus dem Gefühl der Hilflosigkeit oder des Ungerechtigkeitsgefühls resultieren. In dieser Phase wird oft der Gedanke laut, dass die Situation nicht fair ist, und diese Wut kann sich in verschiedene Richtungen richten. Die Auseinandersetzung mit dieser Wut ist wichtig, da sie eine Form des Ausdrucks darstellt, die für viele ein notwendiger Schritt im Trauerprozess ist.

3. Verhandlung:

In der Verhandlungsphase versuchen Trauernde oft, einen Kompromiss oder eine Art von Lösung zu finden, um die Schmerzen des Verlustes zu lindern. Dies kann in Form von Gedanken und Fantasien geschehen, in denen sich der Trauernde vorstellt, dass sie durch bestimmte Verhaltensweisen oder Veränderungen im Leben den Verlust rückgängig machen könnten. Diese Phase kann von irrationalen Überlegungen geprägt sein, wie „Wenn ich nur besser gewesen wäre, wäre das nicht passiert." Es ist ein Versuch, die Kontrolle zurückzugewinnen, auch wenn es keinerlei realistische Grundlagen gibt.

4. Depression:
Die Depression ist oft eine der schwerwiegendsten Phasen des
Trauerprozesses. Hier werden die Trauer und das Gefühl des
Verlustes vollständig anerkannt und erlebt. Die betroffene
Person kann sich in eine Phase der Traurigkeit zurückziehen,
sich isoliert fühlen und Erfahrungen von Verzweiflung und
Hoffnungslosigkeit machen. Diese Phase ermöglicht es den
Trauernden, ihren Schmerz zu fühlen und den Verlust zu
verarbeiten. Es ist wichtig zu betonen, dass Depression nicht
die gleiche ist wie eine klinische Depression, sondern vielmehr
eine natürliche Reaktion auf den schweren Verlust.

5. Akzeptanz:
In der letzten Phase, der Akzeptanz, kommen die Trauernden
zu einem Punkt, an dem sie den Verlust annehmen können.
Dies bedeutet nicht, dass der Schmerz vollständig
verschwunden ist, sondern dass die betroffene Person einen
Weg gefunden hat, mit dem Verlust zu leben und ihn in ihr
Leben zu integrieren. Akzeptanz ist oft ein aktiver Prozess, und
es ermöglicht den Trauernden, erneut Sinn im Leben zu finden
und die Erinnerungen an das Tier weiterhin zu schätzen und zu
ehren.

Bedeutung des Modells:
Das Modell von Elisabeth Kübler-Ross bietet wichtige
Einsichten in den Trauerprozess. Es normalisiert die
unterschiedlichen Emotionen, die Trauernde durchlaufen, und
hilft dabei, ein Verständnis für den eigenen emotionalen

Zustand zu entwickeln. Es ermutigt die Menschen, ihre Gefühle zu erkennen und zu akzeptieren, ohne sich dafür schämen zu müssen. Das Modell kann auch als Leitfaden für Freunde, Familie und Fachkräfte dienen, um Trauernde besser unterstützen zu können, indem sie die Komplexität des Trauerns anerkennen und einen Raum schaffen, in dem diese Emotionen ausgedrückt werden können.

Zusammenfassend lässt sich sagen, dass das Modell von Elisabeth Kübler-Ross trotz seiner Kritik an der Linearität einen wertvollen Beitrag zum Verständnis des Trauerprozesses leistet. Es bietet einen Rahmen, um die unterschiedlichen emotionalen Reaktionen auf Verlust zu identifizieren, und fördert ein tieferes Mitgefühl für diejenigen, die diese schwierige Zeit durchleben. Nirgends steht jedoch fest, dass es einen festen Ablauf gibt, es ist immer unterschiedlich, wie der Trauernde gerade empfindet.

J.William Worden

Die Traueraufgaben nach J. William Worden im Kontext des Verlusts eines Haustieres

Der Verlust eines Haustieres kann eine tiefgreifende emotionale Erfahrung sein, die Trauer, Schmerz und Veränderungen im persönlichen Leben mit sich bringt. William Wordens Modell der Traueraufgaben bietet einen strukturierten Rahmen, um die verschiedenen Phasen und Herausforderungen zu verstehen, die bei der Trauerbewältigung auftreten können. Dieses Modell umfasst vier zentrale Aufgaben, die für die Trauerverarbeitung entscheidend sind: Akzeptanz der Realität des Verlusts, Fühlen des Trauerschmerzes, Anpassung an eine veränderte Umgebung und emotionales Reinvestieren in neue Beziehungen.

1. Akzeptanz der Realität des Verlusts

Die erste Aufgabe des Modells besteht darin, die Realität des Verlusts zu akzeptieren. Dies bedeutet, dass die trauernde Person sich mit dem Tod des Haustieres auseinandersetzen und verstehen muss, dass dies ein permanenter Zustand ist. Oft neigen Menschen dazu, den Verlust zu leugnen oder zu versuchen, sich selbst und andere zu überzeugen, dass das Tier nur vorübergehend abwesend ist.

Eine Person, die ihren Hund verloren hat, könnte zunächst annehmen, dass der Hund einfach bei einem Ausflug verschwunden ist. Um die Realität des Verlusts zu akzeptieren, muss sie bestätigen, dass der Hund nicht zurückkehren wird, und die damit verbundenen emotionalen Herausforderungen anerkennen.

2. Fühlen des Trauerschmerzes

Die zweite Aufgabe beinhaltet das Erleben und Zulassen des Trauerschmerzes. Trauer ist ein natürlicher und notwendiger Prozess, um den Verlust zu verarbeiten. Diese Aufgabe erfordert es, die eigenen Emotionen zu spüren, anstatt sie zu unterdrücken. Viele Menschen empfinden Gefühle wie Trauer, Wut, Schuld oder sogar Erleichterung, und es ist wichtig, diesen Gefühlen Raum zu geben. Unser Beispiel der Hundebesitzerin könnte Traurigkeit und Schuld empfinden, weil sie glaubt, dass sie mehr hätte tun können, um das Tier vor dem Tod zu retten. Indem sie diesen Schmerz zulässt und darüber spricht, kann sie beginnen, die Emotionen einzuordnen und zu verarbeiten.

3. Anpassung an eine veränderte Umgebung

Die dritte Aufgabe bezieht sich auf die Anpassung an die veränderten Umstände, die durch den Verlust entstehen. Dies beinhaltet sowohl praktische als auch emotionale Anpassungen. Die Trauernde muss möglicherweise ihre täglichen Routinen anpassen, die nun ohne das Haustier durchgeführt werden, und auch die emotionale Leere, die der Verlust hinterlassen hat, bewältigen.

Die Hundebesitzerin muss möglicherweise ihren Spaziergang im Park neu organisieren und sich von den Plätzen trennen, an denen sie mit ihrem Hund gemeinsame Zeit verbracht hat. Der Übergang kann schmerzhaft sein, da sie sich an die Abwesenheit des Hundes gewöhnen und gleichzeitig ihre Lebensweise anpassen muss, um den neuen Alltag zu gestalten

4. Emotionales Reinvestieren in neue Beziehungen

Die vierte Aufgabe besagt, dass die Trauernde neue emotionale Bindungen eingehen sollten. Dies bedeutet nicht zwangsläufig, dass sofort ein neues Haustier adoptiert werden muss, sondern vielmehr, dass der Mensch lernt, wieder offen für Bindungen und Zwischenmenschliche Beziehungen zu sein. Es ist wichtig, dass diese neue Emotionalität nicht als Ersatz, sondern als eine Erweiterung der eigenen Lebensrealität verstanden wird. Nach einer geeigneten Trauerzeit könnte die Hundebesitzerin erwägen, einem anderen Hund ein Zuhause zu geben oder sich freiwillig in einem Tierheim zu engagieren. Es ist eine Art neuronales Umdenken, das zeigt, dass der Mensch in der Lage ist, neue Bindungen einzugehen und dennoch die Erinnerungen an das verstorbene Tier würdevoll zu bewahren.

Fazit

Das Modell der Traueraufgaben von Worden bietet einen
wertvollen Leitfaden zur Unterstützung im Trauerprozess nach
dem Verlust eines Haustieres. Jede der vier Aufgaben spielt
eine entscheidende Rolle dabei, wie Individuen ihre Trauer
erleben und verarbeiten. Indem die Trauernden diese Aufgaben
anerkennen und durchlaufen, können sie sich auf den Weg der
Heilung begeben, die hohe emotionale Belastung bewältigen
und letztendlich einen neuen Sinn in ihrem Leben finden, ohne
die Liebe und Bindung zum verlorenen Haustier zu negieren.

Trauerverläufe

Normale Trauerverläufe nach dem Verlust eines Haustiers

Trauer ist eine universelle Erfahrung, die in verschiedenen physischen, emotionalen und kognitiven Reaktionen zum Ausdruck kommt. Diese Empfindungen sind zwar schmerzhaft, doch sie sind ein natürlicher Teil des Prozesses, durch den wir den Verlust eines geliebten Wesens, sei es ein Mensch oder ein Haustier, verarbeiten. Sie offenbaren die tiefe Verbindung, die uns mit dem Verstorbenen verbunden hat, und den inneren Weg, den wir gehen müssen, um sein Fehlen in unser Leben zu integrieren.

Physisch kann Trauer sich durch Müdigkeit, Schlaflosigkeit oder intensive Träume, Appetitverlust und verschiedene körperliche Beschwerden äußern. Der Körper spricht oft in einer Weise, die Worte nicht erfassen können. Diese Symptome sind Ausdruck des Stresses und der emotionalen Last, die durch den Verlust entstanden sind. Es ist wichtig, in dieser schwierigen Zeit auf die eigenen Bedürfnisse zu achten, auch wenn der Hunger nicht spürbar ist, ist eine gesunde Ernährung wichtig. Gönnen Sie sich Ruhe, auch wenn der Schlaf unruhig ist, und finden Sie kleine Bewegungen, selbst wenn die Energie fehlt. Diese Fürsorge für sich selbst ist ein sanfter Schritt auf dem Weg zur Heilung. Emotional ist die Traurigkeit oft die vorherrschende Empfindung nach dem Verlust eines geliebten Tieres. Diese Traurigkeit kann tiefgreifend und intensiv sein – sie ist eine ehrliche Reaktion auf das, was fehlt. Tränen und Seufzer können dabei als notwendige Erleichterung dienen. Wut kann ebenfalls Teil des Prozesses sein, oft gefärbt von dem Gefühl der Ungerechtigkeit und dem Schmerz über den Verlust. Diese Wut kann sich gegen das Tier richten, weil es uns verlassen hat, gegen die Umwelt, die nicht versteht, oder sogar gegen uns selbst. Schuldgefühle sind ebenfalls nicht ungewöhnlich, besonders wenn eine Euthanasie eine schwere Entscheidung war.

Es ist normal, von Gefühlen der Leere, Verzweiflung und Machtlosigkeit überwältigt zu werden in solchen Momenten kann es sich anfühlen, als würde nichts mehr Sinn machen. Doch es ist wichtig, sich daran zu erinnern, dass all diese Empfindungen Teil eines natürlichen Prozesses sind. Geben Sie sich die Erlaubnis, traurig zu sein, wütend zu sein, zu fühlen, und erlauben Sie sich, nach Licht und Trost in dieser herausfordernden Zeit zu suchen. Ihr Weg durch die Trauer ist einzigartig und erfordert Geduld und Selbstmitgefühl. Sie sind nicht allein, und es ist in Ordnung, um Hilfe zu bitten und Trost zu suchen.

Samantha steht vor einem tiefen emotionalen Abgrund, der sich nach dem Verlust ihres geliebten Hundes aufgetan hat. Die Trauer um ihren treuen Begleiter umhüllt sie wie ein schwerer Mantel. Jeden Tag spürt sie das Fehlen seines vertrauten Wesens, und die Erinnerungen drängen sich in ihr Gedächtnis, begleiten sie und verleihen ihrer Einsamkeit Gewicht. In diesem komplexen Gefühlschaos überkommt sie immer wieder die Traurigkeit, die so intensiv ist, dass sie manchmal den

Atem raubt. Tränen steigen ihr in die Augen, während sie an die gemeinsamen Spaziergänge denkt, an die unbeschwerten Momente des Spiels und an die bedingungslose Liebe, die ihr Hund ihr geschenkt hat. Es gibt Tage, an denen die Traurigkeit sie fast erstickt, und sie fragt sich, wie sie den nächsten Schritt gehen soll, ohne ihn an ihrer Seite.

Doch dann gibt es auch Momente der Apathie, in denen sie sich wie in einem Nebelverlieren. Die Welt um sie herum scheint farblos und bedeutungslos, als ob die Freude am Leben weggeflogen wäre. Sie geht durch die Bewegungen des Alltags, funktioniert, aber fühlt sich innerlich leer und gedämpft. Die einfache Frage, wie es ihr geht, führt zu einem verzweifelten Versuch, ein Lächeln aufzusetzen, während der Schmerz im Inneren unbemerkt bleibt. Samanthas Herz scheint zwischen diesen extremen Emotionen zu pendeln, gefangen in der Erinnerung an die bedingungslose Treue ihres Hundes und der schmerzhaften Realität seines Fehlens. Inmitten dieser inneren Kämpfe sucht sie nach einem Ausweg aus der Dunkelheit. Ob in kleinen Erinnerungen, die wie zarte Lichtstrahlen durch den schweren Vorhang der Trauer blitzen, oder in Momenten der Stille, in denen sie still in sich selbst hineinhorcht die Reise zur Heilung hat begonnen, auch wenn der Weg noch steinig ist.

Auf der kognitiven Ebene kann Trauer eine große Herausforderung darstellen, da viele Menschen Schwierigkeiten haben, sich zu konzentrieren oder sich an Dinge zu erinnern. Oft sind ihre Gedanken unaufhörlich auf das verstorbene Tier gerichtet, und sie fühlen sich, als würden sie in endlosen Gedankenschleifen gefangen. Manche erleben eindringliche Erinnerungen, die sie in Augenblicke zurückversetzen, die sie gemeinsam mit ihrem geliebten Begleiter verbracht haben, oder sie sehen Bilder vom Abschied. Es kommt vor, dass andere vorübergehend den Eindruck haben, das Tier um sich herum zu spüren, als würden sie seine Präsenz hören oder sehen. Solche empfundenen Momente können stark und intensiv sein, sind jedoch ein normaler Teil des Trauerprozesses und verblassen normalerweise mit der Zeit.

Auch das Verhalten kann stark beeinträchtigt sein, etwa durch sozialen Rückzug und den Verlust des Interesses an gewohnten Aktivitäten. Einige Trauernde geraten in Aufruhr, erledigen mitten in der Nacht Arbeiten oder räumen hektisch auf, um ein Gefühl der Kontrolle aufrechtzuerhalten. Andere wiederum greifen zu risikoreichem Verhalten wie übermäßigem Alkoholkonsum oder schnellem Fahren in einem verzweifelten Versuch, ihren Schmerz zu betäuben. Ein plötzlicher Trauerfall kann einen Schockzustand auslösen, der zu automatischen und unbewussten Verhaltensweisen führt.

Markus und seine Katze

Markus verlor seine Katze überraschend nach einer Operation. Als ich ihn empfing, wirkte er abwesend und hatte einen leeren Blick. In monotoner Stimme erzählte er mir, dass er die ganze Nacht nach dem Tod der Katze ziellos umhergefahren sei. Er übernachtete bei einer Freundin und kehrte am frühen Morgen zurück, um die Sachen seiner Katze zu putzen. Seitdem funktioniert er wie ein Automat. Dieses Verhalten kann angesichts des Schockzustandes, der durch den plötzlichen Tod verursacht wurde, als normal betrachtet werden. All diese Reaktionen, obwohl sie störend erscheinen, haben eine adaptive Funktion. Sie ermöglichen es, den Verlust allmählich zu verarbeiten, sich anzupassen und die eigene Sicht auf die Welt neu zu organisieren. Diese Symptome lassen nach und nach, nach, mit Höhen und Tiefen, und schaffen immer häufiger Platz für Momente der Ruhe und Entspannung.

Es ist von entscheidender Bedeutung, diese Reaktionen mit Mitgefühl und ohne Urteil zu akzeptieren und sie als normalen Teil des Trauerprozesses anzuerkennen. Seine Gefühle in Worte zu fassen, gehört und unterstützt zu werden, ist essenziell, um diesen schweren Verlust zu bewältigen. Wie Michel Hanus so treffend sagt: „Tränen sind das Blut der Seele". Den Verlust eines Tieres zu beweinen, ist keine Schwäche, sondern eine Stärke, die von unserer Bindung und Menschlichkeit zeugt.

Der Einfluss von Trauerprozessen

Einflüsse auf den Trauerprozess nach dem Verlust eines Haustiers

Die Trauer um ein Haustier ist eine herausfordernde Erfahrung, die jeder Mensch auf seine eigene Weise erlebt. Dieser Prozess wird durch verschiedene Faktoren beeinflusst, die es gilt zu erkennen und zu verstehen, um Menschen besser in ihrer Trauer zu begleiten und mögliche Komplikationen frühzeitig zu erkennen. Ein wesentlicher Einflussfaktor ist die Natur der Beziehung zu dem Haustier. Je enger, intensiver und engagierter diese Beziehung war, desto schmerzhafter ist der Verlust. Der Tod eines Haustieres, mit dem man viele Jahre seines Lebens geteilt hat, kann deutlich destabilisierender sein als der Verlust eines weniger vertrauten Tieres. Faktoren wie emotionale und materielle Abhängigkeit, gemeinsame Gewohnheiten und Rituale spielen eine bedeutende Rolle und prägen das Trauererlebnis maßgeblich.

Angela und ihre Hündin

Angela hat ihre geliebte Hündin verloren, mit der sie 15 Jahre lang eine tiefe und unzertrennliche Bindung hatte. Gemeinsam haben sie zahlreiche Geburtstage, Feste und sogar Geburten durchgestanden und gefeiert. Diese Ereignisse schufen nicht nur wertvolle Erinnerungen, sondern auch eine tiefe emotionale Verbindung. Mit dem Tod ihrer Hündin bricht für Angela ein großer Teil ihrer Welt zusammen. Die Trauer ist besonders schmerzhaft, weil sie nun lernen muss, ohne die ständige Präsenz ihres treuen Begleiters zu leben.

Das Haus, das einst von Freude und lebendigem Bellen erfüllt war, ist nun erfüllt von einer schmerzhaften Stille. Jeder Raum, den sie betritt, erinnert sie an ihre Hündin und die gemeinsamen Erlebnisse, die sie nun schmerzlich vermisst. Diese Phase der Trauer fordert Angela heraus, sich an eine neue Realität zu gewöhnen, in der die alltäglichen Routinen und liebevollen Rituale, die sie mit ihrer Hündin geteilt hat, nicht mehr vorhanden sind. Es ist ein schwerer Prozess, der Zeit, Geduld und viel Mitgefühl von ihr selbst und ihrer Umgebung erfordert. Doch inmitten des Schmerzes bleibt die Hoffnung, dass die schönen Erinnerungen und die tiefe Bindung, die sie geteilt haben, ihr helfen werden, den Verlust zu verarbeiten und ihr Herz langsam wieder zu heilen.

Die Qualität der Beziehung spielt eine entscheidende Rolle bei der Bewältigung von Trauer. Eine konfliktbeladene, ambivalente oder unvollendete Beziehung kann den Trauerprozess erschweren. Wenn man beispielsweise nicht in der Lage war, dem Tier vor seinem Tod die notwendige Pflege zu geben, können starke Schuldgefühle Entstehen. Auch die Umstände des Todes des Tieres sind von großer Bedeutung. Ein plötzlicher und unerwarteter Tod durch Unfall oder eine schnelle Krankheit kann traumatischer sein als ein vorhersehbarer Tod durch Alter oder eine langanhaltende Krankheit. Das Fehlen von Vorbereitung und die Unvorhersehbarkeit dieser Ereignisse verstärken den Schock erheblich.

Erwin hat seine geliebte Katze verloren, die tragischerweise vom Dach gefallen ist. Der plötzliche und unerwartete Verlust hat ihm keine Zeit gelassen, sich von ihr zu verabschieden oder sich auf ihre Abwesenheit vorzubereiten. Immer wieder wird er von aufdringlichen Bildern des Unfallortes heimgesucht und durchlebt den schmerzhaften Moment, in dem er sie tot aufgefunden hat, erneut. Dieser unerwartete Verlust und die intensiven Erinnerungen erschweren den Trauerprozess erheblich. Erwin kämpft nicht nur mit der Trauer um seine Katze, sondern auch mit den quälenden Bildern und dem Gefühl der Hilflosigkeit, das ihn verfolgt. Es ist wichtig, dass Erwin Mitgefühl und Unterstützung erhält, um diesen schmerzhaften Verlust verarbeiten zu können.

Persönliche Faktoren wie Alter, Geschlecht, Persönlichkeit und psychische Vorgeschichten haben einen erheblichen Einfluss auf das Trauererlebnis. Ein Trauerfall kann besonders destabilisieren, wenn es sich um ein Kind handelt, das die Objektpermanenz noch nicht entwickelt hat, im Vergleich zu einem Erwachsenen.

Jenny verlor ihren Hamster, als sie erst neun Jahre alt war. In dieser Zeit konnte sie die Bedeutung des Todes nicht wirklich fassen und hegte die Hoffnung, dass ihr kleiner Freund irgendwann zurückkehren würde. Jahre später als Erwachsene, kämpfte sie mit einer Depression und wurde sich bewusst, dass sie nie die Trauer um ihren Hamster verarbeitet hatte.

Persönliche und soziale Ressourcen sind von zentraler Bedeutung für die Bewältigung von Trauer. Ein gesundes Selbstwertgefühl, effektive Bewältigungsmechanismen, sowie Hobbys können als wertvolle Schutzfaktoren fungieren. Darüber hinaus ist die Unterstützung durch andere und das Teilen der Trauer mit Menschen, die ähnliche Verluste erlebt haben, äußerst wertvoll. Der soziale und kulturelle Rahmen beeinflusst ebenfalls, wie Trauer empfunden und ausgedrückt wird. Jede Kultur hat ihre eigenen Traditionen, Überzeugungen und gesellschaftlichen Normen im Umgang mit dem Verlust eines geliebten Tieres. In einigen Gesellschaften wird die Trauer offener gezeigt und ermutigt, während sie in anderen als Ausdruck von Schwäche gilt. Diese verschiedenen Aspekte wirken zusammen und prägen das ganz persönliche Trauererlebnis eines jeden Einzelnen. Ein tiefes Verständnis dafür kann helfen, individuelle Begleitung anzubieten und die verletzlichsten Personen zu erkennen, um das Risiko einer komplizierten Trauer zu minimieren. Wie Boris Cyrulnik treffend formuliert: „Trauer ist ein Abenteuer, aus dem man verändert zurückkehrt." Die Art und Weise, wie wir dieses Abenteuer erleben, wird von unserer Lebensgeschichte, unseren Ressourcen und der Unterstützung, die wir erfahren, beeinflusst.

Komplikationen der Trauer

Trauer und deren Komplikationen

Trauer ist ein natürlicher und unvermeidbarer Prozess, der uns dabei unterstützt, den Verlust eines geliebten Menschen zu verarbeiten und uns daran anzupassen. Manchmal kann dieser Prozess jedoch schwierig werden, ins Stocken geraten oder sich in eine problematische Richtung entwickeln. In solchen Fällen sprechen wir von komplizierter oder pathologischer Trauer. Schätzungen zufolge sind etwa 10 bis 20 % der Menschen, die trauern, von solchen Schwierigkeiten betroffen und benötigen besondere Unterstützung, um ernsthafte Folgen für ihre geistige und körperliche Gesundheit zu verhindern.

Es gibt verschiedene Faktoren, die dazu führen können, dass Trauer komplizierter verläuft. Wie bereits einmal erwähnt, spielen die Beziehung zum Verstorbenen, die Umstände rund um den Tod, die individuelle Lebensgeschichte und das soziale Netzwerk eine entscheidende Rolle im Trauerprozess. Insbesondere eine enge oder ambivalente Bindung, ein unerwarteter oder gewaltsamer Tod, soziale Isolation oder ungelöste Trauer vorangegangener Verluste können als Risikofaktoren fungieren und die Trauererfahrung erschweren.

Klaus hat seinen 15-jährigen Sohn nach einem zwei Jahre langen, anstrengenden Kampf gegen eine Krankheit verloren. Seit dem Tod seines Kindes vor einem Jahr ist er nicht in der Lage gewesen, sein Leben wieder in den Griff zu bekommen. Klaus hat seinen Job aufgegeben, sich von seinen Freunden zurückgezogen und ist die ganze Zeit mit Gedanken über die letzten Augenblicke seines Sohnes beschäftigt. Aufgrund seiner Besorgnis überweist ihn sein Arzt an einen Psychologen, der sich auf die Unterstützung von trauernden Menschen spezialisiert hat.

Chronische Trauer gehört zu den häufigsten Schwierigkeiten, die im Trauerprozess auftreten können. Sie äußert sich durch eine langanhaltende Trauer, die weit über die Zeit hinausgeht, die normalerweise für die Anpassung an den Verlust benötigt wird. Anzeichen wie tiefes Bedauern, das Gefühl von Leere, Schuld und Wut halten an, ohne dass nennenswerte Fortschritte sichtbar werden, und beeinträchtigen die Fähigkeit der Person, im Alltag zu funktionieren. Es ist, als wäre die Zeit seit dem Moment des Todes stehen geblieben, was dazu führt, dass die Person in ihrem Schmerz gefangen bleibt.

Aufgeschobene Trauer zeigt sich oft durch eine scheinbare Gefühllosigkeit nach dem Verlust. Die betroffene Person scheint normal zu funktionieren, fast mechanisch, ohne erkennbare Emotionen zu zeigen. Diese scheinbare Anpassung verbirgt jedoch eine Vermeidung des Schmerzes, der oft erst später, manchmal Jahre danach, bei einem anderen Verlust oder einem stressigen Ereignis zum Vorschein kommt.

Das Risiko besteht darin, dass die Person dann von einer umso intensiveren Traurigkeit überwältigt wird, da die Gefühle lange Zeit unterdrückt wurden.

Als Marlenes Ehemann unerwartet verstarb, übernahm sie, ohne zu zögern die Verantwortung für alles, von der Beerdigung bis hin zu den notwendigen bürokratischen Angelegenheiten und zeigte dabei keine Gefühlsregung. Sie kehrte rasch zu ihrer Arbeit und ihren gewohnten Aktivitäten zurück, als wäre nichts geschehen. Zehn Jahre später, als ihre Katze stirbt, bricht sie emotional zusammen und erkennt, dass sie die Trauer um ihren Mann nie wirklich verarbeitet hat.

Unterdrückte Trauer stellt eine weitere Form der Vermeidung dar, bei der die betroffene Person aktiv versucht, ihr Schmerzempfinden zu ignorieren. Sie könnte sich selbst den Zugang zu ihren Emotionen verwehren, oft geprägt von familiären oder gesellschaftlichen Erwartungen wie „Sei tapfer", „Zeige keine Schwäche" oder „Schau nach vorne". Diese emotionale Selbstrestriktion kann erhebliche psychische und körperliche Folgen haben. Sie kann sich in Symptomen wie Angst oder Depression, psychosomatischen Erkrankungen oder sogar in Suchtverhalten äußern – allesamt unbewusste Versuche, den inneren Schmerz zu lindern und zu betäuben. Angesichts der verschiedenen Komplikationen bei der Trauerbewältigung ist es wichtig, einen auf Trauerbegleitung spezialisierten Fachmann zu konsultieren. Psychologen, Psychotherapeuten und Ärzte können verschiedene Unterstützungsmöglichkeiten bieten, darunter psychologische Betreuung, kognitive Verhaltenstherapie, EMDR, Gesprächsgruppen, Cranio Sakral sowie Energiearbeit und, falls notwendig, medikamentöse Behandlungen. Das Ziel ist es, den Trauernden zu ermöglichen, ihre Traurigkeit wieder in Besitz zu nehmen, ihr einen Sinn zu geben und ihr Leben sowie ihre Beziehungen allmählich neu zu gestalten. Wie Michel Hanus betont:

"Trauer ist nie perfekt, aber es gibt vermeidbare Komplikationen"

Achtsamkeit für Risikofaktoren, die Anerkennung des Leids der Trauernden, empathisches Zuhören und angemessene Unterstützung sind entscheidend, um Komplikationen zu vermeiden. Trauer ist ein gewundener Weg, mit seinen Stolperfallen und Momenten der Verzweiflung. Doch dieser Weg bietet auch eine Chance zu wachsen, Resilienz zu entwickeln und sich neu zu erfinden. Wie Boris Cyrulnik so schön sagt:

"Die Nacht ist nie komplett; am Ende der Trauer gibt es immer ein offenes Fenster, ein erleuchtetes Fenster"

Trauer ist nicht nur ein Zeichen der Schwäche, sondern auch eine Möglichkeit der Stärkung und Erneuerung. Jeder Trauernde verdient Unterstützung und Mitgefühl, um durch diese schwierige Zeit hindurchzugehen und schließlich neue Hoffnung zu finden.

Strategien während der Trauer

Die Bewältigung von Trauer ist ein individueller Prozess, und es gibt viele verschiedene Strategien, die Menschen nutzen können, um mit ihrem Verlust umzugehen. Hier sind einige bewährte Trauerbewältigungsstrategien im Detail:

1.Emotionale Akzeptanz

Es ist wichtig, die eigenen Gefühle zu akzeptieren, anstatt sie zu leugnen oder zu unterdrücken. Dies bedeutet, Traurigkeit, Wut, Schuld oder Verwirrung zuzulassen und sich bewusst mit diesen Gefühlen auseinanderzusetzen.

Umsetzung: Nehmen Sie sich Zeit, um zu reflektieren, was Sie fühlen. Tagebuchschreiben kann hilfreich sein, um Gedanken und Emotionen zu ordnen und Ausdruck zu verleihen.

2. Gespräche und Unterstützung

Der Austausch mit Freunden, Familie oder einer Trauergruppe ermöglicht es, die eigenen Gedanken und Gefühle zu teilen. Soziale Unterstützung ist ein wichtiger Faktor in der Trauerbewältigung.

Umsetzung: Suchen Sie Gespräche mit vertrauenswürdigen Personen oder schließen Sie sich einer Trauergruppe an, um Erfahrungen mit anderen zu teilen, die ähnliche Verluste erlebt haben.

3. Professionelle Hilfe in Anspruch nehmen.

In manchen Fällen kann es hilfreich sein, professionelle Unterstützung von Psychologen oder Therapeuten zu suchen, um mit den komplexen Emotionen der Trauer umzugehen. Vereinbaren Sie einen Termin mit einem Psychologen oder Trauerberater, der auf Trauerverarbeitung spezialisiert ist, um individuelle Strategien und Techniken zu erarbeiten.

4. Rituale und Gedenken

Rituale können helfen, den Erinnerungsprozess zu strukturieren und einen Ort für Trauer auszudrücken. Gedenkfeiern, das Anzünden von Kerzen oder das Besuchen von Gräbern sowie das Anlegen einer Gedenkseite sind Beispiele.

Umsetzung: Entwickeln Sie persönliche Rituale, die für Sie bedeutungsvoll sind. Dies könnte auch das Erstellen eines Erinnerungsbuches oder eine Collage mit Fotos des Tieres umfassen.

5. Selbstfürsorge

Auf die eigenen physischen und emotionalen Bedürfnisse zu achten, ist während der Trauerzeit besonders wichtig. Dazu gehört eine gesunde Ernährung, ausreichend Schlaf und körperliche Bewegung. Planen Sie regelmäßige Aktivitäten wie Spaziergänge in der Natur, Yoga oder Meditation ein.

Diese Aktivitäten fördern das Wohlbefinden und helfen, den Geist zu beruhigen.

6. Kreativer Ausdruck

Kunst, Musik oder Schreiben können Ausdrucksformen sein, um Trauer zu verarbeiten. Nutzen Sie kreative Mittel wie Malen, Zeichnen, Musizieren oder Schreiben von Gedichten oder Geschichten, um Ihre Emotionen auszudrücken.

7. Achtsamkeit und Meditation

Achtsamkeitstechniken können helfen, im Moment zu bleiben und die eigenen Gefühle wahrzunehmen, ohne sie zu bewerten. Meditation kann einen ruhigen Raum bieten, um Traurigkeit zuzulassen. Nehmen Sie sich täglich einige Minuten Zeit für Meditation oder Achtsamkeitsübungen, um die eigenen Gedanken und
Gefühle bewusst wahrzunehmen.

8. Ziele setzen

Langsame Fortschritte bei der Rückkehr zu einem regelmäßigen Tagesablauf können helfen, die Trauer zu verarbeiten. Das Setzen kleiner, erreichbarer Ziele kann ein Gefühl der Kontrolle und Motivation zurückbringen.

Setzen Sie sich realistische Ziele, wie zum Beispiel einen kurzen Spaziergang zu Unternehmen oder an einer sozialen Veranstaltung teilzunehmen.

9. Die Beziehung Neugestalten

Es ist wichtig, die Beziehung zum verstorbenen Tier in einer neuen Formweiterzuführen. Dies kann bedeuten, dass Erinnerungen in das eigene Leben integriert werden, ohne dass dies den Schmerz der Trauer verstärkt.

Finden Sie Wege, das Tier zu ehren, indem Sie beispielsweise ein Tierschutz Projekt unterstützen, oder regelmäßig einen Platz besuchen, der an die schönen Momente mit dem Tier erinnert.

Fazit

Jeder Mensch trauert unterschiedlich, und es gibt keine „richtige" oder „falsche" Methode, um mit Verlust umzugehen. Es ist wichtig, Strategien zu finden, die zu einem selbst passen, und sich nicht unter Druck zu setzen, wie Trauer „aussehen" sollte. Trauerarbeit kann lange dauern, aber das Zulassen von Emotionen und der Einsatz verschiedener Bewältigungsstrategien können den Prozess erleichtern und zur Heilung beitragen.

Reinhards Geschichte – Wenn Abschiede verwehrt bleiben

Reinhard wuchs mit drei geliebten Katzen auf treue Begleiter seiner Kindheit und Jugend. Doch der Abschied von jedem einzelnen dieser Tiere war für ihn nicht nur ein Verlust, sondern eine tiefe Wunde, die nie ganz heilen konnte.
Denn er durfte sich nie verabschieden!

Als seine erste Katze starb, war Reinhard noch ein Kind. Während er in der Schule war, wurde das Tier eingeschläfert ohne sein Wissen. Erst als er nach Hause kam, teilte man ihm mit, dass alles bereits vorbei sei. Seine Mutter hatte aus Fürsorge entschieden, ihn zu schonen, ihn von Schmerz und Trauer fernzuhalten. Doch gut gemeint ist nicht immer gut gemacht. Für Reinhard war dieser Moment erschütternd.
Er fühlte sich ausgeschlossen, übergangen, und vor allem um die Möglichkeit betrogen, sich von seinem geliebten Tier zu verabschieden. Der Schmerz darüber begleitete ihn lange nicht nur der Verlust der Katze, sondern auch das Gefühl, dass seine Gefühle nicht ernst genommen wurden.
Auch bei der zweiten Katze wiederholte sich das Geschehen. Das Tier wurde krank und musste eingeschläfert werden wieder ohne Reinhards Wissen oder Mitentscheidung.
Wieder blieb ihm nur die Information über das "Was", niemals über das "Wie" oder das "Warum".
Schließlich verstarb auch die dritte Katze und erneut wurde sie heimlich weggebracht. Keine Gelegenheit zum Abschied, kein letzter Blick, keine Möglichkeit, in Würde Lebewohl zu sagen.

Immer wieder wurde Reinhard die Gelegenheit verwehrt, den Tod zu begreifen und emotional zu verarbeiten.

Diese Entscheidungen, so sehr sie auch aus einem Schutzgedanken heraus entstanden sein mögen, haben tiefe Spuren hinterlassen. Denn Reinhard wurde nicht beschützt er wurde ausgeschlossen. Ihm wurde das Recht genommen, selbst zu entscheiden, wie er mit der Trauer umgehen möchte.
Trauer ist kein Zustand, den man vermeiden oder überspringen kann sie ist ein natürlicher Teil des Lebens. Jeder Mensch, ob Kind oder Erwachsener, hat das Recht, Abschied zu nehmen, zu trauern und zu lernen, was es heißt, einen geliebten Gefährten zu verlieren. Nur wer trauern darf, kann auch heilen. Es ist ein Trugschluss zu glauben, man könne andere durch Verdrängung oder Schweigen vor dem Schmerz schützen. Vielmehr führt diese Haltung zu einem noch tieferen, isolierten Leid. Der Tod eines Tieres genauso wie der eines Menschen – ist ein bedeutsames Ereignis. Er verlangt Raum, Anerkennung und vor allem die Möglichkeit zur Mitwirkung. Deshalb ist es so wichtig, alle Betroffenen in den Prozess des Abschieds mit einzubeziehen. Es ist zutiefst unfair, anderen die Entscheidung abzunehmen, wie sie mit dem Verlust umgehen möchten oder können. Gerade Kinder brauchen in solchen Momenten keine Schutzmauer sie brauchen Ehrlichkeit, Zuwendung und die Möglichkeit, den Abschied bewusst zu erleben. Nur so wird aus Trauer eine menschliche, reife Erfahrung. Nur so wird aus Verlust irgendwann auch Trost.

Der Bezug der Trauer um Haustiere

Trauer und ihre Besonderheiten in Bezug auf Haustiere

Seit den Anfängen der Menschheit besteht eine tief verwurzelte Verbindung zwischen Tieren und Menschen. Bereits in der Urzeit waren Tiere entscheidend für das Überleben und den Fortschritt menschlicher Gemeinschaften. Die Domestizierung von Wildtieren stellte einen bedeutenden Wendepunkt dar, der es uns ermöglichte, von ihren vielfältigen Fähigkeiten zu profitieren.

Vor rund 15.000 Jahren begannen die Menschen, Hunde als treue Begleiter zu domestizieren. Diese Partnerschaft führte dazu, dass beide Arten florierten Hunde boten Schutz und Unterstützung bei der Jagd, während die Menschen ihnen Nahrung und ein Zuhause gaben. Diese Symbiose ist ein Schlüssel zum evolutionären Erfolg des Menschen.

Im Laufe der Jahrhunderte wurden weitere Tiere domestiziert, um den Bedürfnissen der Menschen gerecht zu werden. Katzen, die vor etwa 9.000 Jahren in Mesopotamien domestiziert wurden, fanden aufgrund ihrer Fähigkeit, Schädlinge zu jagen und Vorräte zu schützen, großen Anklang. Im alten Ägypten wurden sie sogar als heilige Wesen verehrt. Rinder, Schafe, Ziegen und Schweine wurden für ihre wertvollen Produkte und Dienste geschätzt.

Tiere haben auch eine tiefe emotionale und symbolische

Bedeutung erlangt. In vielen Kulturen sind sie mit Gottheiten verbunden oder gelten als spirituelle Wegweiser. Totemtiere verdeutlichen die enge Verbundenheit zwischen Menschen und Tier. Mit der industriellen Revolution und der zunehmenden Urbanisierung wandelte sich die Rolle der Tiere.

Während Nutztiere ihre wirtschaftliche Bedeutung behielten, fanden Haustiere immer mehr Platz in unseren Herzen und Haushalten. Hunde, Katzen, Vögel, Fische und Nagetiere wurden zu geliebten Familienmitgliedern, die unsere emotionalen und sozialen Bedürfnisse erfüllen.

Heutzutage belegen zahlreiche wissenschaftliche Studien die positiven Auswirkungen der Beziehung zwischen Menschen und Tier auf unsere körperliche und geistige Gesundheit. Haustiere tragen zur Reduzierung von Stress, Angstzuständen und Depressionen bei und steigern die Lebensqualität.

Der Kontakt mit Tieren fördert die Produktion von Oxytocin dem Hormon für Glück und Bindung. Tiere finden zunehmend Anwendung in therapeutischen und pädagogischen Programmen. Assistenzhunde unterstützen Menschen mit Behinderungen, während tiergestützte Therapien in Altenheimen und Kinderkrankenhäusern einen wertvollen Beitrag leisten. In Schulen fördern Tiere das Lernen und die Entwicklung sozialer Fähigkeiten. Die jahrtausendealte Beziehung zwischen Menschen und Tier entwickelt sich kontinuierlich weiter. Neue Formen der Interaktion und gegenseitige Vorteile bereichern diese Bindung.

Das Verständnis dieser Geschichte ist entscheidend, um die Tiefe und Komplexität unserer Verbindung zu Tieren zu erfassen und den Verlust eines tierischen Begleiters besser zu bewältigen.

Formen in der Beziehung zwischen Menschen und Tier

Die Beziehung zwischen Menschen und Tier ist vielfältig und umfasst verschiedene Rollen und Funktionen.
Diese Verbindungen bringen unterschiedliche Erwartungen, Verantwortlichkeiten und Vorteile für beide Seiten mit sich.

Haustiere: Hunde, Katzen, Nagetiere, Vögel und Fische sind als Haustiere weit verbreitet. Sie bieten emotionale Unterstützung, beruhigende Präsenz und Gelegenheiten zum Spielen und Binden. Diese Tiere sind oft vollwertige Familienmitglieder, deren Beziehung zu den Menschen zahlreiche gesundheitliche Vorteile bietet, wie Stressabbau und Förderung der Sozialkompetenz.

Nutz und Arbeitstiere: Hierzu gehören Hütehunde, Zugpferde, Labortiere und Blindenhunde. Die Beziehung basiert auf den Dienstleistungen, die diese Tiere erbringen, aber auch hier kann eine starke emotionale Bindung bestehen. Ihre Nützlichkeit steht im Mittelpunkt der Interaktionen.

Therapeutische Tiere: In der Tier und Hippotherapie dienen Tiere als Mediatoren, um das Wohlbefinden und die emotionale Ausdrucksfähigkeit von Menschen zu fördern. Diese Beziehungen werden von Fachleuten betreut und haben spezifische therapeutische Ziele.
Wildtiere: Diese Tiere leben in der Natur oder in Zoos und erwecken Interesse und Faszination, obwohl der direkte

Kontakt oft begrenzt ist. Sie erinnern uns an unseren Platz in der Natur und unsere Verantwortung für den Erhalt von Arten und Ökosystemen. Die verschiedenen Beziehungstypen zu Tieren werfen ethische Fragen auf und verlangen verantwortungsvolles Handeln. Dies umfasst das Erfüllen der Bedürfnisse von Haustieren, das Sicherstellen guter Arbeitsbedingungen für Nutztiere und den Schutz der Artenvielfalt.

Die komplexe Verbindung welche Menschen mit dem Haustier verbindet

Menschen und Haustiere teilen eine tiefe, emotionale Verbindung, die weit über eine einfache Besitzbeziehung hinausgeht. Haustiere sind oft Vertraute und Quellen des täglichen Trostes und der Freude, ähnlich wie Familienmitglieder.

Diese enge Beziehung lässt sich durch die Bindungstheorie erklären, die ursprünglich die Beziehung zwischen Kindern und ihren Hauptbezugspersonen beschreibt. Kinder entwickeln eine sichere Bindung, wenn ihre Bezugspersonen verfügbar und ansprechbar für ihre Bedürfnisse sind. Haustiere übernehmen eine ähnliche Rolle, indem sie konstant präsent sind und emotionale Sicherheit bieten, was Stress und Ängste lindert.

Die Interaktion mit Haustieren, wie das Streicheln, fördert die Produktion von Oxytocin, dem Hormon des Wohlbefindens, und senkt den Cortisolspiegel, das Stresshormon.
Diese beruhigende Wirkung erklärt, warum Haustiere besonders wertvoll für Menschen mit Depressionen, Angstzuständen oder Einsamkeit sind.

Für viele Menschen sind Haustiere echte Lebenspartner, mit denen sie ihre Freuden und Sorgen teilen. Diese Verbindungen, die über Jahre hinweg durch gemeinsame Erlebnisse gewachsen sind, schaffen Vertrauen und gegenseitiges Verständnis. Haustiere werden zu Hütern unserer Geheimnisse und bieten eine wohlwollende und wertfreie Präsenz.

Ältere Menschen, die oft mit Einsamkeit konfrontiert sind, finden in Haustieren treue Begleiter, die sie aktiv und engagiert halten. Für Kinder sind Tiere Spielkameraden und Vertraute, die ihnen helfen, Empathie und Verantwortung zu entwickeln. In schwierigen Zeiten bieten Haustiere Stabilität und emotionale Kontinuität.

Jedoch kann diese tiefe Bindung auch zu emotionaler Abhängigkeit führen. Der Verlust eines geliebten Haustiers ist ein schwerer Schlag, der eine große Leere hinterlassen kann. Ein bedeutender Teil des emotionalen Gleichgewichts geht mit dem Tier verloren.

Trauer um Tiere und ihre Besonderheiten

Der Verlust eines geliebten Haustiers ist eine zutiefst emotionale Erfahrung, die sich in ihrer Intensität oft mit dem Verlust eines menschlichen Angehörigen vergleichen lässt. Diese besondere Form der Trauer, die Tiertrauer, ist geprägt von der tiefen Bindung zwischen Menschen und Tier. Diese Bindung führt zu einer intensiven Trauer, die jedoch oft von der Umwelt nicht ernst genommen wird. Viele Menschen sehen Tiertrauer als "illegitim" an und erkennen sie sozial nicht an, wodurch die Betroffenen ihren Kummer oft im Stillen ertragen müssen. Schuldgefühle sind ebenfalls häufig ein Begleiter dieser Trauer, besonders wenn das geliebte Tier eingeschläfert werden musste. Diese Entscheidung kann quälende Zweifel und Schuldgefühle hinterlassen, welche die Trauer noch schwerer machen. Der Verlust eines Haustiers hat weitreichende Auswirkungen auf die gesamte Familienstruktur. Jedes Familienmitglied hatte seine eigene, einzigartige Beziehung zu dem Tier und trauert auf unterschiedliche Weise. Zudem kann der Tod eines Haustiers die Identität und Orientierung seines Besitzers durcheinanderbringen, da das Tier oft ein wichtiger Teil des Selbstbildes war.

Tiertrauer verlangt nach spezieller Zuwendung. Einfühlsame Begleitung und ein Raum, in dem die Trauer ausgedrückt und das verstorbene Tier geehrt werden kann, sind entscheidend für den Heilungsprozess.

Obwohl Tiertrauer in vielerlei Hinsicht einzigartig ist, bleibt sie dennoch eine echte, tief empfundene Trauer. Sie benötigt Zeit, Mitgefühl und eine liebevolle Begleitung, um verarbeitet zu werden.

In der Gesellschaft wird Trauer nicht immer anerkannt

Tiertrauer wird oft heruntergespielt und gesellschaftlich nicht voll anerkannt, obwohl es kulturelle Unterschiede und Rituale gibt, die dies in einigen Regionen besser berücksichtigen. Dieses mangelnde gesellschaftliche Verständnis hängt mit dem rechtlichen Status von Tieren zusammen, die in vielen Ländern noch immer als bloße Besitztümer betrachtet werden, auch wenn es Fortschritte in der Anerkennung von Tieren als fühlende Wesen gibt. Die emotionalen und physischen Reaktionen auf den Verlust eines Tieres ähneln denen der Trauer um einen Menschen. Doch das Fehlen einer breiten gesellschaftlichen Akzeptanz führt oft zu Scham und Schuldgefühlen bei den Betroffenen. Es gibt einige Formen der Unterstützung wie soziale Netzwerke, Trauergruppen, Hotlines und spezialisierte Fachleute, die jedoch keine vollständige kollektive Anerkennung ersetzen können. Viele Tierärzte sind geschult, trauernde Tierbesitzer zu unterstützen, und einige Praxen haben spezialisiertes Personal, um in solchen Fällen Hilfe zu bieten. Um die Mentalitäten zu verändern, bedarf es umfassender Aufklärung und Bildungsarbeit.

Es ist wichtig, den Status des Tieres als fühlendes Wesen sowie die Legitimität der Trauer bei seinem Verlust vollständig anzuerkennen.

Einschläfern und damit einhergehende Schuldgefühle

Schuld ist ein tiefes und nagendes Gefühl, das viele Tierbesitzer befällt, die die schwierige Entscheidung treffen mussten, ihr geliebtes Tier einschläfern zu lassen. Diese schwere Verantwortung, über Leben und Tod zu entscheiden, lässt sie oft das Gefühl erleben, als würden sie *"Gott spielen"*. Die Schuldgefühle werden durch die ständige Angst verstärkt, möglicherweise zu früh oder zu spät gehandelt zu haben. Hinzu kommen die fehlende Anerkennung und das Urteil der Umgebung, die oft Schwierigkeiten hat, die Tiefe der Tiertrauer zu verstehen und zu respektieren. Um Trauernden zu helfen, ist es wichtig, ihnen einen wohlwollenden und urteilsfreien Raum zu bieten. Hier können sie ihre Zweifel, Ängste und die Gründe für ihre Entscheidung offen aussprechen. Es ist tröstend, sie daran zu erinnern, dass es keinen perfekten Zeitpunkt gibt, um Abschied zu nehmen. Tiere scheinen oft ein intuitives Gespür dafür zu haben, wann sie bereit sind zu gehen. Rituale können helfen, Schuldgefühle zu lindern und das Andenken an das Tier zu ehren. Dazu gehört die Anwesenheit bei der Euthanasie, das Bewahren einer Erinnerung oder das Erstellen eines Gedenkplatzes.

Diese Rituale schaffen eine Möglichkeit, den Verlust zu verarbeiten und einen würdevollen Abschied zu finden. Schuldgefühle sind ein natürlicher Teil des Trauerprozesses und lassen mit der Zeit nach, besonders wenn eine einfühlsame Begleitung vorhanden ist. Diese Begleitung kann helfen, die Entscheidung als einen Akt der Liebe zu sehen, der dem Begleiter einen sanften und friedlichen Tod ermöglicht hat.

Trauer Reaktionen innerhalb der Familie und Freundeskreisen

Der Verlust eines geliebten Haustiers trifft eine Familie oft tief ins Herz und bringt eine notwendige Neuordnung der Beziehungsdynamiken mit sich.

Jedes Familienmitglied trauert auf seine eigene Weise. Diese individuellen Trauerprozesse können zu Missverständnissen und Spannungen führen, wenn die unterschiedlichen Ausdrucksformen der Trauer nicht mit Empathie und Geduld betrachtet werden.

Der Verlust eines Haustiers kann auch vorhandene familiäre Konflikte verstärken oder neue Spannungen aufdecken. In solchen Zeiten sind gegenseitiger Respekt und Empathie von größter Bedeutung, um diese schweren Prüfungen gemeinsam zu bestehen und emotionalen Schmerz zu mindern.

Kinder sollten aktiv in den Trauerprozess einbezogen werden. Ehrliche Antworten auf ihre Fragen und Unterstützung bei der

Verarbeitung ihrer Emotionen sind essenziell, damit sie lernen, mit Verlust umzugehen und ihre Gefühle auszudrücken.

Für ältere Menschen kann der Tod eines Haustiers alte Trauererlebnisse wieder zum Vorschein bringen und die Einsamkeit verstärken. Die Familie sollte besonders aufmerksam und unterstützend sein, um diese emotionalen Herausforderungen gemeinsam zu bewältigen.

Der Verlust eines Haustiers erfordert oft eine konkrete Neugestaltung des Familienalltags. Jeder muss seinen Platz im neuen Gleichgewicht finden, was eine gewisse Zeit und Anpassung erforderten.

Das gemeinsame Teilen von Erinnerungen und das Gedenken an das verstorbene Tier kann den Familienzusammenhalt stärken und dem gemeinsamen Verlust eine Bedeutung verleihen. Erinnerungen können in Form von Fotos, Geschichten oder einem speziellen Gedenkplatz bewahrt werden und bieten Trost in der Trauer. Diese Zeit des Verlustes und der Anpassung ist emotional herausfordernd, aber sie bietet auch die Gelegenheit, als Familie enger zusammenzuwachsen und die Liebe und das Leben des verlorenen Haustiers zu würdigen.

Herausforderungen mit dem Besitz eines Tieres

Die Beziehung zwischen Menschen und Haustier ist weit mehr als ein einfaches Besitzverhältnis. Sie ist eine tiefgehende emotionale Bindung, die die Identität des Besitzers maßgeblich prägt. Das Haustier wird oft zu einem Spiegel unserer eigenen Persönlichkeit, unserer Werte und Bestrebungen. Die Wahl der Tierart, der Rasse oder sogar des Namens kann viel über uns als Individuen aussagen.

Durch das Zusammenleben mit einem Haustier setzt ein Identifikationsprozess ein. Die Eigenschaften und Schwächen des Tieres reflektieren die des Besitzers, was eine wertvolle Selbstreflexion ermöglicht. Besonders die Adoption eines Tieres, das eine schwierige Vergangenheit hatte, verstärkt diesen Prozess. Sie fördert Gefühle von Stolz und Kompetenz, da der Besitzer dazu beiträgt, dem Tier ein besseres Leben zu ermöglichen.

Ein Haustier dient oft als Projektionsfläche für unsere eigenen Wünsche und Träume. Es bietet einen Raum zur Selbstverwirklichung und ermöglicht es uns, authentisch zu sein. Diese Identitätsdimension wird durch die Anerkennung und Zugehörigkeit zu einer Gemeinschaft von Tierliebhabern noch verstärkt.

Der Verlust eines Haustiers kann einen tiefen Identitätsverlust verursachen, besonders bei Menschen, die isoliert leben. Die Trauer um ein Haustier erfordert daher eine spezifische Begleitung, die dabei hilft, die eigene Identität über die verlorene Beziehung hinaus neu zu orientieren. Es ist wichtig, die verschiedenen Facetten der Persönlichkeit des Trauernden zu würdigen und ihn darin zu unterstützen, neue Wege zu finden, sich auszudrücken.

Das Vermächtnis, das das Haustier hinterlässt, ist von unschätzbarem Wert. Die Eigenschaften und Fähigkeiten, die in der Gegenwart des Tieres kultiviert wurden, begleiten uns auch nach dessen Tod weiter. Sie leiten uns und erinnern uns an die tiefe Verbindung und die gemeinsamen Erlebnisse.

Durch eine einfühlsame Begleitung und das Schaffen von Ritualen, die das Andenken an das Tier ehren, kann der Trauerprozess erleichtert und die Erinnerung an die gemeinsame Zeit bewahrt werden. Es ist dieser Prozess der Neuorientierung und des Weiterführens des ererbten Identitätsvermächtnisses, der den Trauernden hilft, ihren Weg zu finden und die Lücke, die das geliebte Tier hinterlassen hat, zu füllen.

Kinder und ältere Menschen in Trauer

Kinder und Trauerarbeit

Der Verlust eines Haustiers ist für viele Kinder oft die erste Begegnung mit Trauer, die tiefgreifende existenzielle Fragen aufwirft. In dieser schwierigen Zeit ist es entscheidend, das Kind behutsam zu begleiten, ohne seine Traurigkeit zu verharmlosen oder zu ignorieren.

Haustiere spielen eine einzigartige Rolle in der emotionalen und sozialen Entwicklung eines Kindes. Ihr Verlust ist daher oft ein emotionaler Schock, der das Kind tief trifft. Das Verständnis des Todes entwickelt sich bei Kindern mit dem Alter. Jüngere Kinder unter 5-6 Jahren sehen den Tod oft als vorübergehend an. Erst im Alter von 6 bis 9 Jahren beginnen sie, die Unumkehrbarkeit des Todes zu begreifen, während ältere Kinder ab 9-10 Jahren eine abstraktere und existenzieller Sichtweise entwickeln.

Kinder reagieren unterschiedlich auf Trauer. Ihre Reaktionen können vielfältig und verwirrend sein, von Weinen über Wut bis hin zu scheinbarer Gleichgültigkeit. Diese Reaktionen spiegeln die Schwierigkeiten wider, die Kinder haben, ihre Trauer auszudrücken und zu verarbeiten.

Um einem Kind in dieser Zeit zu helfen, ist es wichtig, es in Abschiedsrituale einzubeziehen, ihm einen wohlwollenden und offenen Raum für Gespräche zu bieten und es zu ermutigen, seine Emotionen durch kreative Aktivitäten auszudrücken. Gemeinsam können Sie die Erinnerungen an das geliebte Haustier pflegen und über die schönen gemeinsamen Zeiten sprechen.

Eltern und Betreuer sollten auf Anzeichen einer komplizierten Trauer achten. Wenn nötig, sollte professionelle Hilfe in Anspruch genommen werden. Jenseits der Traurigkeit geht es um die emotionale Sicherheit des Kindes. Es ist entscheidend, dem Kind zu helfen, diese schwierige Zeit zu überwinden und seine anderen Bindungen zu stärken, um seine zukünftige emotionale Resilienz zu fördern.

Die Unterstützung des Kindes in dieser Phase trägt dazu bei, dass es lernt, mit Verlust umzugehen und emotionale Stärke zu entwickeln. Dabei bleibt das Vermächtnis des geliebten Haustieres als wertvoller Teil der persönlichen Geschichte des Kindes bestehen.

Ältere Menschen und Trauer bei verstorbenen Haustieren

Der Verlust eines Haustiers ist für ältere Menschen besonders schmerzhaft, da das Tier oft die letzte emotionale Bindung und eine wichtige Barriere gegen Einsamkeit darstellen. Im Leben älterer Menschen nimmt das Haustier einen einzigartigen Platz ein, bietet beruhigende Präsenz, ein Gefühl der Sicherheit und motiviert dazu, aktiv zu bleiben und soziale Kontakte zu pflegen.

Diese enge Beziehung erklärt die tiefe Trauer, die beim Verlust des Tieres empfunden wird, ein großes Loch bleibt im Herzen und im Alltag zurück. Für sehr alte Menschen kann dieser Verlust wie ein Echo auf ihren eigenen kommenden Tod wirken, was zu einem tiefen Gefühl des Sinnverlusts führen kann, oft verstärkt durch den herablassenden Blick der Umgebung.

Trauerreaktionen älterer Menschen sind häufig intensiv und sollten mit Freundlichkeit und ohne Urteil aufgenommen werden. Es ist entscheidend, dem älteren Menschen Raum zu geben, um seine Trauer auszudrücken, und ihn in den Abschiedsritualen zu begleiten. In den Monaten nach dem Verlust sollte besondere Aufmerksamkeit auf Anzeichen von Depression oder Rückzugsverhalten gelegt werden.

Die Adoption eines neuen Tieres kann hilfreich sein, aber es gibt keinen richtigen oder falschen Weg, diese Trauer zu bewältigen. Die Trauer um ein Tier bietet auch die Möglichkeit, Dankbarkeit auszudrücken und die Schönheit der geteilten Momente zu feiern.

Wenn wir ältere Menschen auf ihrem Weg des Erinnerns begleiten, ehren wir die unauslöschlichen Spuren, die diese Begleiter in ihrem Leben hinterlassen haben, und tragen dieses Erbe der Liebe an zukünftige Generationen weiter.

Haustiere und Menschen

Mensch Hund eine oft einzigartige Beziehung

Die Beziehung zwischen Menschen und Hund hat ihre Ursprünge in der Domestizierung des Wolfes vor über 15.000 Jahren. Dieser lange Prozess der Koevolution hat zu einer großen Vielfalt von Hunderassen geführt, die heute existieren. Im Laufe der Zeit haben Hunde bemerkenswerte kognitive Fähigkeiten entwickelt, um menschliche Kommunikationssignale zu verstehen und zu entschlüsseln. Diese Fähigkeiten sind das Ergebnis einer engen und symbiotischen Beziehung zwischen den beiden Arten.

Die Kommunikation zwischen Menschen und Hund ist wechselseitig und vielschichtig. Hunde nutzen ein umfangreiches Repertoire an Signalen, wie Bellen, Körperhaltungen und Gesichtsausdrücke, um ihre Emotionen und Bedürfnisse auszudrücken. Diese Signale ermöglichen eine tiefe und intuitive Verbindung zwischen Menschen und Tier. Die Bindung zwischen Menschen und Hund ist zutiefst emotional und wird durch die Ausschüttung von Oxytocin während positiver Interaktionen verstärkt. Dieses Hormon, oft als "Bindungshormon" bezeichnet, hilft, Stress abzubauen und fördert soziale Verbindungen. Für viele Hundebesitzer sind ihre Hunde vollwertige Familienmitglieder, die sowohl emotionale Unterstützung als auch Freude in den Alltag bringen.

Hunde sind in vielerlei Hinsicht von Menschen abhängig, insbesondere für ihre Grundbedürfnisse wie Nahrung, Schutz und Pflege. Diese Abhängigkeit schafft eine starke Bindung zwischen Hund und Besitzer, die oft von tiefer Zuneigung und gegenseitigem Vertrauen geprägt ist.

Die unterstützende Rolle von Hunden erstreckt sich auf viele menschliche Aktivitäten, darunter Jagd, Herdenschutz, Rettungsdienste und die Unterstützung von Menschen mit Behinderungen. Ihre Fähigkeit, eng mit Menschen zusammenzuarbeiten, hat sie zu unverzichtbaren Helfern in vielen Bereichen gemacht.

In jüngerer Zeit wird die therapeutische Dimension der Mensch Hund Beziehung zunehmend anerkannt. Hunde bieten emotionale Unterstützung, soziale Stimulation und Beruhigung, was besonders in der Therapie von Menschen mit psychischen und emotionalen Problemen von unschätzbarem Wert ist.

Nach dem Verlust eines Hundes kann die Adoption eines neuen Hundes eine Möglichkeit sein, das Erbe des verstorbenen Gefährten zu ehren. Die Liebe und die Werte, die der frühere Hund vermittelt hat, werden durch den neuen Hund weitergegeben, was hilft, den Heilungsprozess zu unterstützen und die tiefe Verbindung zwischen Menschen und Tier zu bewahren.

Fazit:

Die Beziehung zwischen Mensch und Hund ist einzigartig, tief emotional und über Jahrtausende gewachsen. Sie basiert auf Vertrauen, Nähe und einem feinen gegenseitigen Verständnis. Hunde begleiten uns nicht nur im Alltag, sondern auch als emotionale Stützen und Helfer sei es im privaten oder therapeutischen Bereich. Nach dem Verlust eines geliebten Hundes kann ein neuer Gefährte helfen, Trost zu spenden und das Band der Mensch-Hund-Beziehung in neuer Form weiterleben zu lassen.

Quellen:
1. Serpell, J. (1995). *The Domestic Dog: Its Evolution, Behaviour and Interactions with People*.
2. Hare, B., & Woods, V. (2013). *The Genius of Dogs: How Dogs Are Smarter Than You Think*.
3. Udell, M. A. R., & Wynne, C. D. L. (2010). What Did Domestication Do to Dogs? A New Account of Dogs' Sensitivity to Human Actions. *Biological Reviews, 85*(2), 327-345.

Menschen und Katzen eine besondere Beziehung

Die Beziehung zwischen Menschen und Katzen ist einzigartig und tief verwurzelt in der Geschichte der Domestizierung, die sowohl der Gesellschaft als auch der Rattenjagd diente. Trotz dieser Domestizierung haben Katzen ihre Unabhängigkeit und ihre Instinkte bewahrt.

Katzen entwickeln starke emotionale Bindungen zu ihren Besitzern, die auf subtile und individuelle Weise zum Ausdruck gebracht werden. Die Kommunikation zwischen Menschen und Katze erfolgt durch eine Vielzahl von Signalen, darunter visuelle, akustische und taktile Mittel wie Vokalisierungen und Körpersprache.

Das gemeinsame Spiel ist von zentraler Bedeutung, um die Beziehung zwischen Menschen und Katze zu stärken, die Aktivität der Katze zu fördern und unerwünschtes Verhalten zu vermeiden. Eine anregende und sichere Umgebung ist unerlässlich, damit Katzen ihr natürliches Verhalten ausleben können.

Die Anwesenheit einer Katze hat nachweislich positive therapeutische Auswirkungen auf die körperliche und geistige Gesundheit der Menschen.

Die Frage einer neuen Adoption sollte einfühlsam und unter Berücksichtigung des individuellen Rhythmus und der

Motivation jedes Einzelnen besprochen werden. Die Trauer um eine Katze bietet auch die Gelegenheit, Resilienz zu entwickeln, über den Sinn des Lebens nachzudenken und sich seiner inneren Stärke bewusst zu werden.

Fazit:

Die Beziehung zwischen Mensch und Katze ist von stiller Tiefe, individueller Ausdrucksweise und gegenseitigem Respekt geprägt. Trotz ihrer Unabhängigkeit bauen Katzen enge emotionale Bindungen zu ihren Menschen auf, die durch gemeinsames Spiel, Aufmerksamkeit und ein harmonisches Umfeld gefestigt werden. Ihre Präsenz wirkt sich positiv auf das Wohlbefinden aus und kann Trost sowie emotionale Stabilität spenden. Nach dem Verlust einer Katze braucht es Zeit und Achtsamkeit sowohl für die Trauer als auch für die Überlegung, ob ein neues Tier das Herz wieder bereichern darf.

Quellen:
1. Bradshaw, J. (2013). *Cat Sense: How the New Feline Science Can Make You a Better Friend to Your Pet*.
2. Turner, D. C., & Bateson, P. (2000). *The Domestic Cat: The Biology of its Behaviour*.
3. McGonigal, J. (2011). *SuperBetter: A Revolutionary Approach to Getting Stronger, Happier, Braver and More Resilient*.

Neue Haustiere NAC

Neue Haustiere, auch bekannt als NAC (Non-conventional Companion Animals), umfassen eine breite Palette nicht traditioneller Arten wie Nagetiere, Reptilien, Vögel, Marder, Amphibien, Arthropoden und kleine Wildsäuger.
Die Begeisterung für NAC ergibt sich aus ihrer Anpassungsfähigkeit an kleine Wohnungen, ihrer oft kürzeren Lebenserwartung und dem Wunsch nach Einzigartigkeit.

Jede Art von NAC hat spezifische Bedürfnisse in Bezug auf Lebensraum, Ernährung, Pflege und Verhalten, die vor der Anschaffung gründlich bekannt sein müssen. Die Beziehung zu einem NAC ist anders als die zu einem Hund oder einer Katze, kann jedoch ebenso bereichernd und erfüllend sein.
Einige dieser Tiere sind sehr sozial und bilden starke emotionale Bindungen zu ihren Besitzern, während andere eine eher kontemplative Präsenz haben.

NAC kommunizieren durch subtile Signale, die der Besitzer lernen und verstehen muss, um die Bindung zu stärken und die Bedürfnisse des Tieres zu erfüllen. Ein regelmäßiger tierärztlicher Check-up ist unerlässlich, da jede NAC-Gattung anfällig für spezifische Krankheiten ist.

Trotz wachsender Beliebtheit gibt es immer noch Missverständnisse und Fehlbehandlungen von NAC aufgrund mangelnden Wissens über ihre speziellen Bedürfnisse. Daher sollte eine verantwortungsvolle Adoption stets bevorzugt werden, um sicherzustellen, dass die Tiere die bestmögliche Pflege erhalten. Die Trauer um ein NAC kann das Bewusstsein für den Wert jedes tierischen Lebens schärfen und unsere Verantwortung ihnen gegenüber betonen. Es ist eine Gelegenheit, über den Sinn des Lebens nachzudenken und die innere Stärke zu entdecken, die in uns steckt.

Fazit:
Nicht-konventionelle Haustiere (NAC) bieten eine besondere und oft bereichernde Form der Mensch Tier Beziehung. Ihre Haltung erfordert jedoch fundiertes Wissen, viel Verantwortungsbewusstsein und eine sensible Wahrnehmung ihrer individuellen Bedürfnisse. Obwohl sie sich in Verhalten und Kommunikation von klassischen Haustieren unterscheiden, können auch NAC eine tiefe Bindung zu ihren Besitzern aufbauen. Die Auseinandersetzung mit ihrem Verlust erinnert an die Einzigartigkeit jedes tierischen Lebens und fordert uns auf, respektvoll und achtsam mit allen Lebewesen umzugehen.

Quellen:
1. Bradshaw, J. (2013). *Cat Sense: How the New Feline Science Can Make You a Better Friend to Your Pet*.
2. Turner, D. C., & Bateson, P. (2000). *The Domestic Cat: The Biology of its Behaviour*.
3. McGonigal, J. (2011). *SuperBetter: A Revolutionary Approach to Getting Stronger, Happier, Braver and More Resilient*.

Erwartungen an einen Trauercoach

Was darf ich von einem Trauercoach Erwarten

Ein Trauer Coach bietet Menschen, die um den Verlust ihres geliebten Haustieres trauern, fürsorgliche und einfühlsame Unterstützung. Seine Haltung ist geprägt von aktivem Zuhören, dem Verzicht auf Urteile und der bedingungslosen Akzeptanz der individuellen Trauererfahrungen.

Der Coach bringt große Empathie mit, behält jedoch eine gesunde emotionale Distanz, um klar und unterstützend agieren zu können. Es ist entscheidend, die Einzigartigkeit jeder Mensch Tier Beziehung zu respektieren und nicht zu urteilen. Diese Haltung der Kongruenz also der Übereinstimmung von Denken, Fühlen und Ausdrücken hilft, ein vertrauensvolles Verhältnis aufzubauen.

Ein wesentlicher Teil der Arbeit eines Trauer Coaches besteht darin, den Trauerprozess zu erklären und auf geeignete Ressourcen hinzuweisen. Er kennt die Grenzen seiner eigenen Möglichkeiten und verweist, wenn nötig, an andere Fachleute weiter. Seine wichtigste Rolle ist es, einen sicheren Raum zu bieten, in dem Trauernde ihre Emotionen ausdrücken und den Trauerprozess durchlaufen können, ohne dass versucht wird, ihre Gefühle zu "reparieren".

Indem der Coach einen solchen geschützten Raum schafft und mit Einfühlungsvermögen auf die Trauernden eingeht, ermöglicht er ihnen, ihre Trauer vollständig zu erleben und letztlich zu bewältigen. Die Unterstützung des Trauer Coaches hilft den Betroffenen, sich gehört und verstanden zu fühlen, was ein wichtiger Schritt auf dem Weg zur Heilung ist.

Die Aufgabe mag herausfordernd und zugleich erfüllend sein. Häufig kann bereits in der ersten Sitzung eine merkliche Verbesserung des Zustands eintreten.

Doch auch hier gilt:
Alles kann, nichts muss. Jeder hat sein eigenes Tempo und seine eigenen Beweggründe. Lassen Sie die Erwartungen los und lassen Sie es geschehen alles ist individuell.

Fazit:
Ein Trauercoach bietet einen geschützten Raum für ehrliche Gefühle und begleitet wertfrei durch den Trauerprozess. Mit Empathie, Fachwissen und respektvollem Zuhören hilft er dabei, den Verlust zu verarbeiten ganz individuell und ohne Druck.

Rituale im Trauerprozess

Rituale sind von zentraler Bedeutung im Trauerprozess, da sie auf symbolische Weise den Übergang vom Leben zum Tod markieren und einen Raum schaffen, in dem Gefühle ausgedrückt werden können. Sie dienen als wertvolle Ankerpunkte, die es den Trauernden ermöglichen, ihre Emotionen auf eine strukturierte und bedeutungsvolle Weise zu verarbeiten.

Durch Rituale wird der Verlust auf eine greifbare Weise verdeutlicht, was den Trauernden hilft, die Realität des Abschieds zu akzeptieren. Diese Rituale fördern den Ausdruck von Gefühlen, indem sie Gelegenheiten bieten, Trauer, Schmerz und Erinnerungen zu teilen. Zudem geben sie dem Verlust eine tiefere Bedeutung und setzen ihn in einen spirituellen oder kulturellen Zusammenhang, der Trost und Orientierung bieten kann.

Ein weiterer wichtiger Aspekt von Trauerritualen ist ihre Fähigkeit, den sozialen Zusammenhalt zu stärken. Sie schaffen Gelegenheiten für Gemeinschaft und gegenseitige Unterstützung, indem sie Menschen zusammenbringen, die den Verlust gemeinsam verarbeiten. Diese gemeinsame Erfahrung ermöglicht es den Trauernden, sich umgeben und verstanden zu fühlen, was einen bedeutenden Beitrag zur Heilung leisten kann.

Insgesamt bieten Rituale eine strukturierte und unterstützende Umgebung, die den Trauernden hilft, ihren Verlust zu bewältigen, ihre Gefühle auszudrücken und in einer Gemeinschaft von Mittrauernden Trost zu finden. Sie sind unverzichtbare Werkzeuge in der Trauerverarbeitung, die sowohl individuell als auch kollektiv wirken und zur emotionalen Heilung beitragen.

Verschiedene Zeremonien sowie Rituale

Es gibt eine reiche Vielfalt an Ritualen, die Menschen helfen können, die Trauer, um ein geliebtes Tier zu bewältigen. Diese Rituale können sowohl religiöser als auch weltlicher Natur sein.

Religiöse Rituale folgen oft einem festgelegten Protokoll, das je nach spiritueller Tradition variiert. Gläubige Menschen finden in diesen Riten Trost und können auch spezifische Rituale anpassen, um ihren geliebten Haustieren zu gedenken.

Weltliche Rituale bieten dagegen eine große Freiheit in ihrer Form und ihrem Inhalt. Beispiele hierfür sind Abschiedszeremonien, das Erstellen eines Erinnerungsortes im Garten oder in der Wohnung, das Schreiben eines Abschiedsbriefes, Spenden an einen Tierschutzverein oder das Anfertigen eines Porträts des verstorbenen Tieres. Erstellen einer Gedenkseite bei z.b. stellanube-animals.at.

Rituale können auch eine gemeinschaftliche Dimension haben, zum Beispiel durch Gruppenzeremonien oder Gedenkmärsche, bei denen sich mehrere Menschen versammeln, um gemeinsam ihrer geliebten Tiere zu gedenken.

Das Wichtigste bei der Wahl eines Rituals ist, dass es für die trauernde Person bedeutsam ist und ihr ermöglicht, ihre Emotionen in einem fürsorglichen und sicheren Rahmen auszudrücken. Diese Rituale schaffen Struktur und bieten einen Weg, den Schmerz des Verlusts zu verarbeiten und die Erinnerung an das geliebte Tier zu bewahren.

Vorschläge für ein individuell gestaltetes Ritual
Die Gestaltung individueller Rituale ist entscheidend, um Menschen bei der Trauer, um ihr Haustier zu unterstützen. Diese Rituale helfen, den Schmerz des Verlustes zu verarbeiten und eine Verbindung zu den schönen Erinnerungen aufrechtzuerhalten.

Der erste Schritt besteht darin, die einzigartige Beziehung zwischen Menschen und Tier sowie ihre gemeinsamen Rituale und glücklichen Momente zu erkunden. Das Ritual sollte diese besondere Geschichte widerspiegeln und eine Resonanz zu den geteilten Erlebnissen bieten.

Es ist wichtig, die spirituellen und philosophischen Überzeugungen des Einzelnen zu respektieren und keine eigenen Überzeugungen aufzuzwingen. Kreativität spielt dabei eine wertvolle Rolle, um tröstliche Rituale zu gestalten sei es durch künstlerische Ausdrucksformen, körperliche Aktivitäten oder das Erstellen eines Altars.

Wenn gewünscht, können auch nahestehende Personen und andere Familientiere in das Ritual einbezogen werden. Die konkrete Vorbereitung des Rituals und das Schaffen eines fürsorglichen und sicheren Rahmens am Tag selbst sind essenziell.

Nach dem Ritual ist es hilfreich, eine Phase des Austauschs zu ermöglichen, in der die Gefühle gesammelt und über das Erbe des Tieres gesprochen werden kann. Dies fördert die Heilung und hilft, den Verlust als Teil eines langfristigen Trauerprozesses zu verarbeiten.

Tipps für ein individuelles Ritual

Die Gestaltung individueller Rituale spielt eine zentrale Rolle bei der Unterstützung von Menschen, die den Verlust ihres geliebten Haustiers betrauern. Der erste Schritt besteht darin, die einzigartige Beziehung zwischen Menschen und Tier zu erkunden, ihre gemeinsamen Rituale und glücklichen Erinnerungen. Das Ritual sollte diese besondere Verbindung widerspiegeln und eine Resonanz zu ihrer gemeinsamen Geschichte bieten. Es ist wichtig, die spirituellen und philosophischen Überzeugungen des Einzelnen zu respektieren, ohne eigene Überzeugungen aufzuzwingen. Kreativität ist dabei ein wertvolles Werkzeug, um tröstliche Rituale zu gestalten. Dies kann durch künstlerische Praktiken, körperlichen Ausdruck oder das Erstellen eines Altars geschehen.

Das Ritual kann auch nahestehende Personen und andere Familientiere einbeziehen, wenn dies gewünscht wird. Eine sorgfältige Vorbereitung und die Schaffung eines sicheren und fürsorglichen Rahmens am Tag des Rituals sind essenziell.

Nach dem Ritual ist es hilfreich, eine Phase des Austauschs zu ermöglichen, in der Gefühle geteilt und über das Erbe des Tieres gesprochen werden kann. Dies unterstützt den langfristigen Trauerprozess und hilft den Trauernden, ihre Emotionen zu verarbeiten und die Erinnerung an das geliebte Tier zu bewahren.

Das Aufbewahren von Erinnerungsstücken

Symbolische und Übergangsgegenstände sind im Trauerprozess nach dem Verlust eines Haustieres von großer Bedeutung. Sie bieten eine greifbare Unterstützung, um die Verbindung zu dem verstorbenen geliebten Wesen aufrechtzuerhalten.

Diese Gegenstände, die oft aus den Sachen des Tieres ausgewählt werden, dienen als Behälter für glückliche

Erinnerungen. Sie ermöglichen es, eine beruhigende sensorische und emotionale Verbindung zu bewahren. Jenseits des Gedenkens haben diese Objekte auch eine therapeutische Funktion. Sie wirken als Vermittler, um Trauer auszudrücken und zu bewältigen. Durch sie wird die Abwesenheit des Tieres greifbar gemacht und ein Ersatz für seine Präsenz geschaffen.

In Momenten der Einsamkeit wird das Übergangsobjekt zu einem treuen Verbündeten und hilft, das Gefühl der Verlassenheit zu mildern. So kann die Trennung nach und nach akzeptiert werden. Mit der Zeit verliert das Objekt seine übermächtige Bedeutung und wird zu einer sanften Erinnerung ein Zeichen dafür, dass die Trauer ihren natürlichen Verlauf nimmt.

Es ist wichtig, ein tröstendes Objekt zu finden, ohne sich vor dem Urteil anderer zu fürchten. Rituale können dabei helfen, diese Objekte in den Trauerprozess zu integrieren und ihre Bedeutung zu würdigen. Die Spende dieser Gegenstände an eine Organisation kann ebenfalls eine Möglichkeit sein, die Werte des verstorbenen Tieres weiterzutragen.

Manchmal kann eine zu starke und abhängige Beziehung zu diesen Objekten auf eine komplizierte Trauer hinweisen. In solchen Fällen ist verstärkte Unterstützung notwendig, um die zugrunde liegenden Emotionen zu verbalisieren und zu verarbeiten.

Kreativität kann ein Wichtiges Hilfsmittel sein

Künstlerische und kreative Praktiken bieten einen geschützten Raum, um die Gefühle, die mit dem Verlust eines geliebten Haustieres einhergehen, auszudrücken und zu verarbeiten. Sie geben dem Unsagbaren eine Form und verwandeln das Leiden in bedeutungsvolle Kreationen.

Kunsttherapie nutzt die heilenden Kräfte des kreativen Prozesses. Durch Malerei, Zeichnung, Schreiben, Musik und andere künstlerische Medien können Gefühle artikuliert und symbolisch gestaltet werden.

Ein Kunstwerk zu Ehren des verstorbenen Tieres zu schaffen, ermöglicht es, seine Präsenz zu spüren und die Erinnerungen sowie die geteilte Liebe lebendig zu halten. Der kreative Prozess fungiert als Katalysator für Gefühle und hilft, diese zu verarbeiten.

Diese kreativen Praktiken bieten die Möglichkeit, neue Beziehungsformen zum verstorbenen Tier zu erforschen, durch einen symbolischen Dialog. Die kreative Handlung wird zu einem Ritual der Verbindung und Wiedergutmachung.

Die entstandenen Werke können privat gehalten oder mit anderen geteilt werden. Sie haben eine reinigende und transformierende Wirkung, die hilft, die Trauer zu ritualisieren und die Entwicklung der Beziehung zum Verlust zu markieren.

Kreativität ist ein wertvolles therapeutisches Werkzeug im Trauerprozess, das hilft, Verlust und Traurigkeit zu sublimieren und die Präsenz des geliebten Wesens in neuer Form lebendig zu halten.

Fazit:

Kreativität erweist sich als kraftvolles Mittel im Umgang mit Trauer. Durch künstlerischen Ausdruck können Gefühle sichtbar gemacht, verarbeitet und in eine neue Form der Verbindung zum verstorbenen Tier überführt werden. Der kreative Prozess schafft Raum für Erinnerung, Heilung und persönliche Rituale er hilft dabei, das Unfassbare greifbar zu machen und die Liebe in einer bleibenden, sinnstiftenden Weise weiterleben zu lassen.

Das Trauertagebuch und Hilfestellungen

Ein Trauertagebuch erstellen

Das Schreiben, sei es in Form eines Trauertagebuchs oder einer Lebenserzählung, ist ein wertvolles Werkzeug, um Menschen zu unterstützen, die den Verlust ihres Haustieres betrauern. Der Schreibprozess wirkt dabei wie ein kathartischer und heilender Katalysator. Er ermöglicht es, Emotionen frei auszudrücken, Ordnung im emotionalen Chaos zu schaffen und das Geschehene aus einer anderen Perspektive zu betrachten.

Das Verfassen einer Lebensgeschichte mit dem verstorbenen Tier erlaubt es, die gemeinsamen Erlebnisse nachzuzeichnen und die bedeutendsten Momente hervorzuheben. Durch das Schreiben bettet die trauernde Person die Beziehung zu ihrem tierischen Gefährten in einen narrativen Rahmen ein, wird sich ihrer Bedeutung bewusst und integriert die Erinnerungen wie Schätze in ihre Identität.

Das Schreiben hilft, die Abwesenheit des geliebten Tieres zu zähmen, den Schmerz in Resilienz umzuwandeln und die trauernde Person über den Tod hinaus mit ihrem verstorbenen Gefährten zu verbinden. So können sie ein neues Kapitel in ihrer Geschichte aufschlagen.

Die Bedeutung eines Altars

Das Errichten eines Altars ist ein bedeutender Schritt im Trauerprozess. Es ermöglicht, die Anwesenheit des geliebten Tieres trotz seiner körperlichen Abwesenheit greifbar zu machen und schafft einen festen Ankerpunkt, um die Verbindung aufrechtzuerhalten.

Der Altar sollte an einem friedlichen und leicht zugänglichen Ort stehen, der zur inneren Einkehr einlädt. Dort kann eine heilige Atmosphäre mit symbolischen Objekten geschaffen werden.

Ein Bild des Tieres bildet oft das zentrale Element des Altars, begleitet von persönlichen Gegenständen, die dem Tier gehörten. Kerzen können das immerwährende Licht des Bewusstseins und die über den Tod hinausstrahlende Liebe symbolisieren.

Kristalle bringen beruhigende Schwingungen und können die Eigenschaften des Tieres darstellen. Natürliche Elemente symbolisieren den Kreislauf von Leben und Tod.

Je nach den eigenen Überzeugungen kann der Altar auch religiöse oder spirituelle Symbole, inspirierende Gebete oder Zitate enthalten.

Im Laufe der Trauer entwickelt sich der Altar weiter und spiegelt den inneren Weg des Trauernden wider.

Rituale können zu Schlüsselmomenten abgehalten werden, um den Trauerprozess zu unterstützen.

Die Schaffung eines Altars hilft, die Abwesenheit des geliebten Wesens zu bewältigen, die Beziehung zu ihm neu zu gestalten und die Schönheit der Bindung trotz der Trennung zu feiern. Der Altar wird so zu einem lebendigen Raum, der Trost und Heilung bietet.

Beispiele und Übungen zur Entspannung

Ein Wichtiger Punkt in der Trauer Bewältigung ist das ins mit sich selbst ins Reine kommen. Auch Anspannungen zu Lösen und sich selbst ruhiger werden zu lassen sind eine Wichtige Hilfestellung. Ich möchte hier einige bekannte Übungen aufzeigen, wie man selbst etwas tun kann, um sich in Ruhe zu bringen.

Hier ist eine einfache und leicht verständliche Achtsamkeitsmeditation, die du ausprobieren kannst: Atemmeditation zur Achtsamkeit

1. Finde einen ruhigen Ort: Setze dich bequem auf einen Stuhl oder auf den Boden. Achte darauf, dass dein Rücken gerade ist, aber nicht verkrampft.

2. Schließe deine Augen: Lass deine Augen sanft zufallen und entspanne deine Gesichtsmuskeln.

3. Konzentriere dich auf deinen Atem: Atme tief durch die Nase ein und durch den Mund aus. Spüre, wie die Luft in deinen Körper strömt und ihn wieder verlässt.

4. Zähle deine Atemzüge: Beginne, deine Atemzüge zu zählen. Einatmen ist „eins", ausatmen ist „zwei", und so weiter, bis du bei zehn angelangt bist. Dann starte wieder bei eins.

5. Beobachte deine Gedanken: Wenn Gedanken auftauchen und dich ablenken, nimm sie einfach wahr, ohne sie zu bewerten. Lasse sie vorbeiziehen wie Wolken am Himmel und kehre sanft zur Zählung deines Atems zurück.

6. Bleibe im Moment: Bleibe so lange in dieser Achtsamkeit, wie es sich angenehm anfühlt. Ob das fünf Minuten oder länger ist, entscheide selbst.

7. Beende die Meditation: Öffne langsam deine Augen und nimm ein paar tiefe Atemzüge. Nimm die Ruhe und Klarheit, die du gewonnen hast, mit in deinen Alltag.

Diese Übung hilft dir, im Moment zu bleiben und deine Gedanken zu beruhigen. Probiere es aus und sieh, wie es dir hilft, dich entspannter und fokussierter zu fühlen.

Eine Positive Visualisierung mit deinem Verstorbenem Haustier

Stell dir vor, du sitzt in einem wunderschönen Garten. Die Sonne scheint warm auf dein Gesicht, und du hörst das sanfte Rauschen der Blätter im Wind. In diesem friedlichen Garten siehst du einen vertrauten Weg, der dich zu einem besonderen Ort führt.

Du gehst diesen Weg entlang und spürst die weiche Erde unter deinen Füßen. Am Ende des Weges siehst du eine Lichtung, die von bunten Blumen umgeben ist. In der Mitte dieser Lichtung steht eine Bank, und auf dieser Bank sitzt dein geliebtes Haustier, so lebendig und fröhlich wie immer.

Du setzt dich neben dein Haustier und spürst sofort eine tiefe Verbindung. Du streichelst es sanft und fühlst die vertraute Wärme und Zuneigung. Dein Haustier schaut dich mit liebevollen Augen an, und du weißt, dass es dir gut geht.

In diesem Moment spürst du, wie all die schönen Erinnerungen an die gemeinsame Zeit wieder lebendig werden. Du erinnerst dich an die Spaziergänge, die Spiele und die stillen Momente der Zweisamkeit. Diese Erinnerungen füllen dein Herz mit Freude und Dankbarkeit.

Du bleibst eine Weile in diesem Garten, genießt die Gesellschaft deines Haustiers und lässt die positiven Gefühle in dir aufsteigen. Du weißt, dass diese Verbindung immer bestehen bleibt, auch wenn dein Haustier nicht mehr physisch bei dir ist.

Wenn du bereit bist, stehst du langsam auf und verabschiedest dich von deinem Haustier. Du gehst den Weg zurück, aber du trägst die Wärme und Liebe dieses Moments in deinem Herzen. Du weißt, dass dein Haustier immer ein Teil von dir sein wird, und diese positive Visualisierung hilft dir, Frieden und Trost zu finden.

Ich hoffe, diese Visualisierung bringt dir ein wenig Trost und hilft dir, die schönen Erinnerungen an dein geliebtes Haustier lebendig zu halten.

Resilienz in der Trauerarbeit

Resilienz und Trauerarbeit beim Verlust von Haustieren

Der Verlust eines geliebten Haustieres kann eine tiefgreifende emotionale Herausforderung darstellen. Haustiere sind für viele Menschen mehr als nur Tiere, sie sind treue Begleiter, Familienmitglieder und wichtige Quellen emotionaler Unterstützung. Wenn ein Haustier stirbt, hinterlässt es oft eine große Lücke im Leben der Betroffenen. In solchen Momenten kann Resilienz eine wesentliche Rolle spielen, um die Trauer zu bewältigen und den Weg zur Heilung zu finden.

Was ist Resilienz?

Resilienz bezeichnet die Fähigkeit, sich von belastenden Situationen oder Krisen zu erholen, sie zu bewältigen und gestärkt daraus hervorzugehen. Sie ist nicht angeboren, sondern kann durch Lebenserfahrungen, persönliche Überzeugungen und erlernte Fähigkeiten entwickelt werden. Resilienz hilft Menschen, sich an Veränderungen anzupassen und mit Herausforderungen konstruktiv umzugehen.

Die Bedeutung von Resilienz in der Trauerarbeit beim Verlust eines Haustieres kann Resilienz den Trauerprozess unterstützen und erleichtern. Durch die Entwicklung von Resilienz können Trauernde lernen, ihre Gefühle zu akzeptieren, mit dem Schmerz umzugehen und nach vorne zu schauen.

Hier sind einige Aspekte, die die Verbindung zwischen Resilienz und Trauerarbeit verdeutlichen:

1. Akzeptanz der Gefühle: Resilienz bedeutet, die eigenen Gefühle zu akzeptieren und anzuerkennen, dass Trauer eine natürliche Reaktion auf den Verlust eines geliebten Wesens ist. Dies hilft, den Schmerz nicht zu verdrängen, sondern ihn zu verarbeiten.

2. Emotionale Bewältigungsstrategien: Resiliente Menschen verfügen über effektive Strategien, um mit starken Emotionen umzugehen. Dazu können Aktivitäten wie Tagebuchschreiben, Meditation, Kunst oder Gespräche mit Freunden und Familie gehören. Diese Strategien helfen, den emotionalen Druck zu mindern und die Trauer zu kanalisieren.

3. Selbstfürsorge: Sich selbst gut zu behandeln und auf die eigenen Bedürfnisse zu achten, ist ein wichtiger Aspekt der Resilienz. Dies umfasst ausreichend Schlaf, gesunde Ernährung, Bewegung und Entspannungstechniken. Selbstfürsorge fördert die physische und emotionale Erholung.

4. Unterstützung suchen: Der Austausch mit anderen, die ähnliche Erfahrungen gemacht haben, kann sehr tröstlich sein. Selbsthilfegruppen, Online-Foren oder Gespräche mit einem Trauerbegleiter können helfen, sich weniger allein zu fühlen.

5. Die Bedeutung von Ritualen: Rituale wie das Errichten eines Altars, das Schreiben eines Abschiedsbriefes oder das Pflanzen eines Baumes im Gedenken an das Haustier können eine wichtige Rolle bei der Trauerarbeit spielen. Sie schaffen Struktur und helfen, den Verlust zu verarbeiten.

6. Neue Perspektiven entwickeln: Resilienz beinhaltet auch, neue Perspektiven zu entwickeln und den Verlust in das eigene Leben zu integrieren. Dies kann bedeuten, die schönen Erinnerungen an das Haustier zu bewahren und die Dankbarkeit für die gemeinsame Zeit zu kultivieren.

Fazit

Der Verlust eines Haustieres ist eine tiefgreifende und oft schmerzhafte Erfahrung. Resilienz kann dabei helfen, diesen Verlust zu bewältigen und gestärkt aus der Trauer hervorzugehen. Indem wir unsere Gefühle akzeptieren, Unterstützung suchen und auf uns selbst achten, können wir den Trauerprozess aktiv gestalten und schließlich Heilung finden. Resilienz ist eine wertvolle Fähigkeit, die uns hilft, schwierige Zeiten zu überstehen und das Leben mit all seinen Höhen und Tiefen anzunehmen.

Geburtstage und Rituale

Stellanube Animals, eine Hilfestellung und liebevolle Erinnerung

Als ich begann, mich mit der Trauer um den Verlust von Haustieren zu beschäftigen, wollte ich ein starkes Werkzeug schaffen, um diesen Schmerz besser bewältigen zu können. Viele Tiere haben mich bereits auf meinem Lebensweg begleitet und sind schließlich auch wieder gegangen. Doch wohin gehen die Tiere?

Mir wurde immer wieder gesagt, dass die Tiere über die Regenbogenbrücke gehen und dann in den Himmel kommen. Ich habe mir immer vorgestellt, dass sie zu den Sternen gehen. Eines Abends haben meine Frau und ich darüber nachgedacht, wohin die Tiere gehen, und wir kamen auf die Idee der Sternenwolke. Für mich war es somit klar, dass mein Haustier, wenn es mich verlässt, über die Regenbogenbrücke in die Sternenwolke geht. Der Begriff "Sternenwolke" bedeutet auf Latein "Stellaris Nubelis", und so entstand die Idee für "Stellanube Animals", die Sternenwolke für Tiere. Was genau ist das? Stellanube Animals ist eine Webseite, auf der ich für Haustiere eine individuelle Gedenkseite erstellen kann. Dort kann ich einen digitalen Platz errichten, Kerzen anzünden und liebevolle Worte hinterlassen. Es ist ein Ort, den jeder besuchen kann, um sein eigenes Tier oder das eines Freundes zu ehren, wann immer er möchte, ohne an einen physischen Ort gebunden zu sein.

Mir hat dieses Portal sehr geholfen, den Verlust meiner Tiere zu verarbeiten, und ich fühle mich deutlich wohler damit. Gerne zeige ich, wenn es passt, welche Tiere mich begleitet haben. Immer wieder kehre ich zurück und weiß, dass Fotos, Videos und Erinnerungen an einem festen Ort bewahrt werden. stellanube-animals.at ist ein kostenloses Angebot.

Der Umgang mit Geburtstagen und anderen Jahrestagen des verstorbenen Haustieres

Der Verlust eines geliebten Haustieres hinterlässt eine tiefe Lücke im Leben seiner Besitzer. Besonders schmerzhaft sind die Geburtstage und andere Jahrestage des Tieres, die Erinnerungen an die gemeinsam verbrachte Zeit wachrufen und den Verlust erneut spürbar machen. In diesem Artikel möchten wir Ihnen einige einfühlsame und ernsthafte Ansätze vorstellen, wie Sie diese besonderen Tage gestalten und mit den damit verbundenen Emotionen umgehen können.

Erinnerungen bewahren und teilen

An Geburtstagen und anderen Jahrestagen können Sie sich bewusst Zeit nehmen, um die schönen Momente, die Sie mit Ihrem Haustier erlebt haben, zu erinnern und zu würdigen. Durchstöbern Sie alte Fotos, Videos oder Tagebucheinträge und lassen Sie die Erinnerungen aufleben. Teilen Sie diese Erinnerungen mit Freunden und Familie, die Ihr Tier ebenfalls gekannt und geliebt haben. Der Austausch über gemeinsame

Erlebnisse kann tröstend wirken und das Gefühl der Verbindung stärken.

Ein persönliches Gedenkritual schaffen

Rituale können eine kraftvolle Möglichkeit sein, den Verlust zu verarbeiten und das Andenken an Ihr Haustier zu ehren. Überlegen Sie, wie Sie den Jahrestag Ihres Tieres begehen möchten. Dies kann durch das Anzünden einer Kerze, das Pflanzen eines Baumes oder das Erstellen eines besonderen Erinnerungsstücks geschehen. Diese Rituale helfen, den Tag zu strukturieren und bieten einen greifbaren Rahmen für Ihre Trauer und Ihre Erinnerungen.

Einen Gedenkort einrichten

Ein Gedenkort, an dem Sie Ihrem Haustier gedenken können, kann sehr hilfreich sein. Dies kann ein bestimmter Platz in Ihrem Zuhause sein, wie ein Altar mit Fotos und persönlichen Gegenständen, oder ein Ort in der Natur, den Sie gemeinsam geliebt haben. Eine Gedenkseite, ein Foto oder auch Video Ein solcher Ort bietet die Möglichkeit, sich zurückzuziehen und in Ruhe an Ihr Haustier zu denken.

Den Tag sinnvoll gestalten

Manchmal kann es helfen, den Jahrestag aktiv zu gestalten und etwas zu tun, was Sie und Ihr Haustier gerne zusammen unternommen haben. Gehen Sie beispielsweise auf einen langen Spaziergang, besuchen Sie einen Ort, den Ihr Haustier geliebt hat, oder engagieren Sie sich für einen wohltätigen Zweck im Namen Ihres Tieres. Durch solche Aktivitäten können Sie die Verbindung zu Ihrem Haustier aufrechterhalten und den Tag mit Sinn füllen.

Emotionen zulassen und ausdrücken

Es ist wichtig, sich an solchen Tagen die Zeit zu nehmen, Ihre Gefühle zuzulassen und auszudrücken. Weinen, Schreiben oder Sprechen über Ihr Haustier kann sehr heilend wirken. Scheuen Sie sich nicht, Ihre Trauer zu zeigen und zu teilen es ist ein natürlicher und wichtiger Teil des Trauerprozesses.

Unterstützung suchen

Wenn Sie merken, dass die Trauer an diesen besonderen Tagen überwältigend wird, zögern Sie nicht, Unterstützung zu suchen. Gespräche mit Freunden, Familie oder einem Trauerbegleiter können sehr hilfreich sein. Es gibt auch Selbsthilfegruppen und Online-Foren, in denen Sie sich mit anderen Menschen austauschen können, die ähnliche Erfahrungen gemacht haben.

Fazit

Geburtstage und andere Jahrestage des verstorbenen Haustieres sind oft mit starken Emotionen verbunden. Durch bewusste Erinnerungen, Rituale und die Gestaltung des Tages können Sie diese besonderen Tage achtsam und mit einem Gefühl der Verbundenheit begehen. Lassen Sie Ihre Emotionen zu und suchen Sie Unterstützung, wenn nötig. So können Sie den Schmerz verarbeiten und die Erinnerung an Ihr geliebtes Haustier auf liebevolle Weise bewahren.

Alltag mit dem Verlust

Den Verlust meines Haustieres in den Alltag integrieren

Der Verlust eines geliebten Haustieres ist eine tiefgreifende Erfahrung, die den Alltag und das emotionale Gleichgewicht erheblich beeinflusst. Haustiere sind oft treue Gefährten, die uns durch verschiedene Lebensphasen begleiten und eine wichtige Quelle des Trostes und der Freude sind. Wenn sie nicht mehr da sind, hinterlässt dies eine Lücke, die schwer zu füllen ist. Wie kann man den Verlust eines Haustieres in den Alltag integrieren und wieder zu einem normalen Leben zurückfinden? Hier sind einige Ansätze und Strategien, die helfen können.

Akzeptanz des Verlustes

Der erste Schritt ist die Akzeptanz des Verlustes. Es ist wichtig, sich bewusst zu machen, dass es in Ordnung ist, zu trauern und dass Trauer ein natürlicher Prozess ist. Jeder Mensch trauert anders, und es gibt keinen richtigen oder falschen Weg. Geben Sie sich die Erlaubnis, Ihre Gefühle zu erleben und zu verarbeiten, ohne sich unter Druck zu setzen.

Schaffen Sie Erinnerungsrituale

Erinnerungsrituale können eine wertvolle Möglichkeit sein, die Trauer zu verarbeiten und die Erinnerung an Ihr Haustier lebendig zu halten. Dies kann das Anzünden einer Kerze, das Platzieren eines Fotos an einem besonderen Ort oder das Pflanzen eines Baumes zu Ehren Ihres Tieres sein. Solche Rituale bieten Struktur und helfen, den Verlust in den Alltag zu integrieren.

Finden Sie einen neuen Alltag

Nach dem Verlust eines Haustieres ist es wichtig, einen neuen Alltag zu finden. Dies bedeutet nicht, dass Sie die Erinnerungen an Ihr Haustier verdrängen müssen, sondern dass Sie sich neue Routinen und Gewohnheiten schaffen. Planen Sie beispielsweise regelmäßige Aktivitäten, die Ihnen Freude bereiten und helfen, die Lücke zu füllen, die Ihr Haustier hinterlassen hat.

Sprechen Sie über Ihren Verlust

Es kann sehr hilfreich sein, über den Verlust Ihres Haustieres zu sprechen. Teilen Sie Ihre Gefühle und Erinnerungen mit Freunden, Familie oder in Selbsthilfegruppen. Der Austausch mit anderen kann Trost spenden und das Gefühl der Isolation mindern. Wenn Sie das Gefühl haben, dass Ihre Trauer überwältigend wird, scheuen Sie sich nicht, professionelle Hilfe in Anspruch zu nehmen.

Pflegen Sie die Erinnerung

Die Erinnerung an Ihr Haustier kann ein wichtiger Teil Ihres Lebens bleiben. Erstellen Sie ein Erinnerungsbuch oder eine Fotocollage mit Bildern und Geschichten, die Sie an die gemeinsame Zeit erinnern. Diese Erinnerungsstücke können helfen, die Präsenz Ihres Haustieres in Ihrem Leben zu bewahren und Ihnen Trost spenden.

Achtsamkeit und Selbstfürsorge

Achten Sie darauf, sich selbst gut zu behandeln und auf Ihre Bedürfnisse zu achten. Praktizieren Sie Achtsamkeit und nehmen Sie sich Zeit für sich selbst, um sich zu entspannen und zu regenerieren. Achtsamkeitsübungen und Meditation können helfen, den Geist zu beruhigen und den emotionalen Schmerz zu lindern.

Erlauben Sie sich, weiterzuleben

Es ist wichtig, sich selbst zu erlauben, weiterzuleben und wieder Freude zu empfinden. Dies bedeutet nicht, dass Sie Ihr Haustier vergessen oder seine Bedeutung schmälern. Es bedeutet, dass Sie sich Raum geben, um zu heilen und Ihr Leben trotz des Verlustes weiterzuführen.

Fazit

Den Verlust eines Haustieres in den Alltag zu integrieren, ist ein Prozess, der Zeit und Geduld erfordert. Durch die Akzeptanz des Verlustes, das Schaffen von Erinnerungsritualen, das Finden eines neuen Alltags, das Sprechen über Ihre Trauer, das Pflegen der Erinnerung, Achtsamkeit und Selbstfürsorge sowie die Erlaubnis, weiterzuleben, können Sie lernen, mit dem Schmerz umzugehen und die Verbindung zu Ihrem geliebten Tier auf eine neue Weise aufrechtzuerhalten. Jeder Trauerprozess ist individuell, und es ist wichtig, auf sich selbst zu hören und den Weg zu finden, der für Sie am besten funktioniert.

Wie man wieder neue Haustiere nach dem Verlust eines geliebten Tieres in sein Leben lassen kann

Der Verlust eines Haustieres ist eine zutiefst schmerzliche Erfahrung, die eine große Lücke im Leben hinterlassen kann. Viele Menschen stellen sich nach einem solchen Verlust die Frage, ob und wann sie bereit sind, wieder ein neues Haustier in ihr Leben zu lassen. Dieser Prozess kann emotional herausfordernd sein und sollte mit Bedacht und Sensibilität angegangen werden. In diesem Artikel möchten wir einige Überlegungen und Schritte vorstellen, die helfen können, diesen Übergang zu gestalten.

Die Trauerphase zulassen

Bevor man daran denkt, ein neues Haustier aufzunehmen, ist es wichtig, die Trauer, um das verstorbene Tier zuzulassen und zu durchleben. Trauer ist ein natürlicher und notwendiger Prozess, der Zeit und Raum braucht. Jeder trauert anders, und es gibt keinen festen Zeitrahmen, wann man bereit sein sollte, ein neues Haustier zu adoptieren. Es ist entscheidend, dass man sich selbst die Erlaubnis gibt, die Gefühle zu fühlen, ohne sich unter Druck zu setzen, sofort Ersatz zu finden.

Reflexion und Selbstreflexion

Nehmen Sie sich die Zeit, über Ihre Beziehung zu Ihrem verstorbenen Haustier nachzudenken. Was haben Sie an der Beziehung besonders geschätzt? Welche Herausforderungen gab es? Diese Reflexion kann helfen zu verstehen, was Sie von einem neuen Haustier erwarten und welche Bedürfnisse Sie haben. Überlegen Sie auch, ob Sie bereit sind, sich erneut auf die Verantwortung und die emotionale Bindung einzulassen, die mit einem neuen Haustier einhergehen.

Die Motivation hinterfragen

Fragen Sie sich ehrlich, warum Sie ein neues Haustier möchten. Ist es, um die Leere zu füllen, die Ihr verstorbenes Tier hinterlassen hat, oder weil Sie tatsächlich bereit sind, einem neuen Tier ein liebevolles Zuhause zu geben? Es ist wichtig, dass die Entscheidung aus dem Wunsch heraus getroffen wird, einem anderen Lebewesen zu helfen und nicht nur, um den eigenen Schmerz zu lindern.

Die richtige Zeit finden

Es gibt keinen perfekten Zeitpunkt, um ein neues Haustier zu adoptieren. Hören Sie auf Ihre Gefühle und seien Sie ehrlich zu sich selbst. Manche Menschen fühlen sich schon nach wenigen Wochen bereit, während andere Monate oder sogar Jahre brauchen. Es ist wichtig, dass Sie sich emotional stabil fühlen und die Bereitschaft haben, sich vollständig auf ein Neues Haustier einzulassen.

Vorbereitung und Planung

Ein neues Haustier bringt neue Herausforderungen und Verantwortungen mit sich. Planen Sie im Voraus und bereiten Sie sich auf die Ankunft eines neuen Tieres vor. Informieren Sie sich über die Bedürfnisse und das Verhalten der gewünschten Tierart und Rasse. Stellen Sie sicher, dass Sie die notwendigen Ressourcen und die Zeit haben, sich um ein neues Haustier zu kümmern.

Die richtige Wahl treffen

Nehmen Sie sich die Zeit, das richtige Haustier zu finden. Besuchen Sie Tierheime, sprechen Sie mit Tierärzten und Tiervermittlern und informieren Sie sich gründlich. Jedes Tier hat seine eigene Persönlichkeit und Bedürfnisse. Achten Sie

Emotionale Vorbereitung

Bereiten Sie sich emotional auf die Ankunft eines neuen Haustieres vor. Es ist normal, dass die Erinnerungen an das verstorbene Tier hochkommen und Vergleiche gezogen werden. Erlauben Sie sich, diese Gefühle zu haben, aber versuchen Sie, das neue Haustier als individuelles Wesen zu betrachten und ihm die Chance zu geben, sich seinen eigenen Platz in Ihrem Herzen zu erobern.

Integration in den Alltag

Die Eingewöhnung eines neuen Haustieres erfordert Geduld und Zeit. Geben Sie dem neuen Tier die Möglichkeit, sich an sein neues Zuhause zu gewöhnen und eine Bindung zu Ihnen aufzubauen. Schaffen Sie eine sichere und liebevolle Umgebung und nehmen Sie sich Zeit für gemeinsame Aktivitäten und Spiele.

Unterstützung suchen

Wenn Sie Schwierigkeiten haben, den Verlust Ihres vorherigen Haustieres zu verarbeiten oder sich auf ein neues Haustier einzulassen, suchen Sie Unterstützung. Gespräche mit Freunden, Familie oder einem Trauerbegleiter können sehr hilfreich sein.

Es gibt auch Selbsthilfegruppen und Online-Foren, in denen Sie sich mit anderen Menschen austauschen können, die ähnliche Erfahrungen gemacht haben.

Fazit

Ein neues Haustier nach dem Verlust eines geliebten Tieres in sein Leben zu lassen, ist ein Prozess, der Zeit, Reflexion und emotionale Vorbereitung erfordert. Indem Sie die Trauer zulassen, Ihre Motivation hinterfragen, die richtige Zeit und das passende Tier finden und sich emotional vorbereiten, können Sie diesem neuen Lebensabschnitt mit Offenheit und Liebe begegnen. Ein neues Haustier wird die Erinnerung an Ihr verstorbenes Tier nicht ersetzen, aber es kann eine neue, wertvolle und erfüllende Beziehung in Ihrem Leben schaffen.

Langfristige Heilung und Seelengespräche

Langfristige Heilung und persönliches Wachstum durch den Verlust eines Haustieres

Der Verlust eines geliebten Haustieres kann eine tiefe und schmerzhafte Erfahrung sein. Haustiere sind oft mehr als nur Tiere; sie sind Begleiter, Freunde und Familienmitglieder. Der Abschied von ihnen hinterlässt eine Lücke, die schwer zu füllen ist. Doch trotz des Schmerzes kann der Verlust eines Haustieres auch eine Chance für langfristige Heilung und persönliches Wachstum bieten. In diesem Fachartikel möchten wir untersuchen, wie dieser Prozess verlaufen kann und welche Wege es gibt, die Heilung zu unterstützen und daraus gestärkt hervorzugehen.

Die Bedeutung von Trauerarbeit

Trauerarbeit ist ein zentraler Bestandteil des Heilungsprozesses nach dem Verlust eines Haustieres. Es ist wichtig, die eigenen Gefühle zuzulassen und den Verlust zu betrauern. Trauerarbeit umfasst verschiedene Phasen, darunter Schock, Verleugnung, Wut, Depression und schließlich Akzeptanz. Jeder Mensch durchläuft diese Phasen in seinem eigenen Tempo und auf seine eigene Weise. Die Anerkennung und Bearbeitung der Trauer ist unerlässlich, um langfristige Heilung zu ermöglichen.

Die Rolle der Resilienz

Resilienz, die Fähigkeit, sich von belastenden Situationen zu erholen, spielt eine entscheidende Rolle bei der Verarbeitung des Verlusts eines Haustieres. Resiliente Menschen können besser mit emotionalen Herausforderungen umgehen und finden Wege, den Schmerz in etwas Positives zu verwandeln. Resilienz kann durch verschiedene Techniken gestärkt werden, wie z. B. durch Selbstfürsorge, Achtsamkeit und die Pflege sozialer Beziehungen.

Kreative Ausdrucksformen

Kreative Ausdrucksformen können eine wertvolle Möglichkeit sein, die Trauer zu verarbeiten und langfristige Heilung zu fördern. Kunsttherapie, Schreiben, Malen oder Musizieren ermöglichen es, die eigenen Gefühle auszudrücken und zu verarbeiten. Das Schaffen eines Kunstwerks oder das Schreiben von Erinnerungen an das Haustier können helfen, die Verbindung zu dem verstorbenen Tier aufrechtzuerhalten und den Heilungsprozess zu unterstützen.

Erinnerungsrituale und Gedenkzeremonien

Rituale und Gedenkzeremonien spielen eine wichtige Rolle bei der Trauerarbeit. Sie bieten Struktur und helfen, den Verlust zu verarbeiten. Dies können Abschiedsrituale, das Anzünden von Kerzen oder das Errichten eines Gedenkaltars sein. Solche Rituale schaffen einen Raum, in dem Trauer und Erinnerungen gewürdigt werden können, und helfen, die Präsenz des verstorbenen Haustieres in das eigene Leben zu integrieren.

Unterstützung suchen und annehmen

Der Weg zur Heilung kann durch die Unterstützung von Freunden, Familie und professionellen Trauerbegleitern erleichtert werden. Der Austausch mit anderen, die ähnlichen Erfahrungen gemacht haben, kann sehr tröstlich sein. Selbsthilfegruppen und Online-Foren bieten die Möglichkeit, sich mit anderen Betroffenen auszutauschen und Unterstützung zu finden. Es ist wichtig, sich nicht zu isolieren und offen für Hilfe zu sein.

Persönliches Wachstum durch Verlust

Der Verlust eines Haustieres kann auch eine Gelegenheit für persönliches Wachstum bieten. Indem man den Schmerz und die Trauer durchlebt, kann man neue Perspektiven und Einsichten gewinnen. Der Verlust kann dazu führen, dass man sich selbst besser versteht, neue Stärken entdeckt und tiefere Empathie für andere entwickelt, die ähnliche Erfahrungen machen. Persönliches Wachstum bedeutet auch, dass man lernt, den Verlust zu akzeptieren und die positiven Erinnerungen an das Haustier zu bewahren.

Die Bedeutung von Dankbarkeit

Dankbarkeit ist ein kraftvolles Werkzeug, um langfristige Heilung und persönliches Wachstum zu fördern. Sich bewusst an die schönen Momente und die positiven Aspekte der Beziehung zu erinnern, kann helfen, den Schmerz des Verlusts zu lindern. Dankbarkeit ermöglicht es, den Fokus auf das Gute zu richten und das Vermächtnis des verstorbenen Haustieres zu würdigen.

Fazit

Der Verlust eines Haustieres ist eine zutiefst schmerzliche Erfahrung, aber auch eine Chance für langfristige Heilung und persönliches Wachstum. Durch die Trauerarbeit, die Stärkung der Resilienz, kreative Ausdrucksformen, Erinnerungsrituale, die Suche nach Unterstützung, persönliches Wachstum und Dankbarkeit kann man lernen, den Verlust zu verarbeiten und gestärkt daraus hervorzugehen. Jeder Trauerprozess ist individuell, und es ist wichtig, den eigenen Weg zu finden, um den Schmerz zu bewältigen und das Leben mit neuen Perspektiven und Erkenntnissen fortzusetzen.

Seelengespräche, ein schöner Gastkommentar

Meine liebe Frau ist Energetikerin und spezialisiert sich auch auf Tierkommunikation. Da dieses Thema hervorragend zu diesem Buch passt und ich niemandem die verschiedenen Möglichkeiten vorenthalten möchte, habe ich sie eingeladen, einige Worte zu diesem Thema beizutragen.

Gastartikel Tatjana Berger, Seelengespräche

Als mein Mann mich bat, einen Gastkommentar in seinem Buch zu verfassen, war ich sofort begeistert. Es ist mir wichtig, das Thema Trauer aus seinem Schattendasein zu holen. Besonders der Verlust eines Haustieres wird oft unterschätzt, und Trauernde bleiben mit ihren Gefühlen allein. Dieses Buch möchte dabei helfen, den Weg zurück zu einem glücklichen Leben zu finden.

Trauer ist schmerzhaft und belastend, doch sie birgt auch eine immense Kraft. Wenn wir es uns erlauben, sie zu fühlen und durchzuleben, können sie uns wertvolle Erkenntnisse schenken und uns auf neue, lebenswerte Wege führen. Die Verbindung zwischen Tier und Halter ist dabei einzigartig und tief. Aus meiner Erfahrung in der Kommunikation mit Tierseelen (Seelengespräche) – sowohl lebenden als auch verstorbenen – weiß ich, wie hilfreich diese Gespräche sein können. Tierhalter haben oft Schuldgefühle oder offene Fragen: Hat das Tier gelitten? War die Entscheidung zur Euthanasie richtig? Diese Klärung kann helfen, den Verlust zu akzeptieren.

Die Tierkommunikation ist ein dynamischer Prozess, der sowohl dem Tier als auch dem Halter hilft. Tiere lösen dabei emotionale und körperliche Schmerzen aus ihrem Leben auf. Ich erinnere mich an eine Katze, die ich während ihres Ablöseprozesses begleiten durfte: Durch intensive Emotionen verwandelte sich schreckliche Erlebnisse in wertvolle Erkenntnisse. Am Ende war die Tierseele glücklich und bereit, weiter aufzusteigen. Jede Seele ist dabei einzigartig, doch oft bieten sich Tierseelen nach ihrem Übergang als Schutzengel für ihre Halter an. Auch bei lebenden Tieren stärkt die Tierkommunikation die Beziehung zwischen Tier und Mensch. Sie vertieft das Verständnis und bringt Klärung.

In meiner Arbeit sehe ich immer wieder, wie wichtig es ist, Gefühle bewusst zu spüren und auszudrücken, um körperliche und seelische Belastungen zu vermeiden. Trauer bietet eine Gelegenheit, diesen Prozess zu durchlaufen und die notwendige Unterstützung zu suchen. Seelengespräche finden auf emotionaler und intuitiver Ebene statt, nicht über den Verstand. Man muss nichts wissen oder sagen nur bereit sein, sich darauf einzulassen. Das Ziel ist, in Liebe loszulassen, um innerlich frei zu werden.

Tatjana Berger ist Humanenergetikerin und bietet Seelengespräche für Mensch und Tier online an. Weitere Informationen finden Sie unter:
www.raumreich.at/tierkommunikation/

Weiterführende Informationen

Weiterführende Literatur Links und Namen zum Thema:

https://de.wikipedia.org/wiki/Boris_Cyrulnik

In seinen Büchern, wie "Die Kraft, die im Unglück liegt" und "Warum die Liebe Wunden heilt", beschreibt Cyrulnik, wie Resilienz durch verschiedene Faktoren wie soziale Unterstützung, positive Einstellungen und die Fähigkeit, Emotionen zu verarbeiten, gefördert werden kann

J. William Worden ist ein amerikanischer Psychologe und Trauerforscher, der für sein Traueraufgabenmodell bekannt ist.

Der Trauerforscher William Worden hat ein Modell mit vier Traueraufgaben entwickelt, um Menschen nach dem Verlust einer geliebten Person zu helfen, ihre neue Situation zu akzeptieren und in die Zukunft zu blicken.

Das Modell der Trauerphasen, entwickelt von Elisabeth Kübler-Ross, ist eines der bekanntesten Konzepte in der Trauerforschung. Es wurde erstmals in ihrem Buch „Über den Tod und das Leben danach" („On Death and Dying") vorgestellt. Das Modell beschreibt fünf Phasen, die Menschen durchlaufen können, wenn sie mit dem Tod eines geliebten Menschen oder mit ihrer eigenen Sterblichkeit konfrontiert werden.

In Österreich gibt es verschiedene Organisationen und Angebote, die Trauernden Unterstützung bieten können. Hier sind einige Optionen:

stellanube-animals.at bietet auf seiner Website ein umfassendes Verzeichnis aller Tierfriedhöfe in Österreich an. www.stellanube-animals.at

www.raumreich.at/seelengespraeche/ dort werden Online-Seelengespräche mit Tieren angeboten.

Artikel zum Thema:

www.vier-pfoten.at/unsere-geschichten/publikationen/mit-dem-tod-eines-geliebten-haustieres-fertig-werden

www.raumreich.at/seelengespräche-mit-tiere/

Wann immer es möglich ist, sollten wir Tierschutzorganisationen dabei unterstützen, den Tieren zu helfen. Diese oft gemeinnützigen Vereine haben einen enormen Bedarf an Futter und finanziellen Mitteln, da Tierschutz bedauerlicherweise auch mit erheblichen Kosten verbunden ist.

Am Ende angekommen

Der Verlust eines geliebten Tieres ist für viele Menschen ebenso schmerzhaft wie der Verlust eines nahestehenden Menschen. Doch auch die umgekehrte Situation kann eintreten: Wenn ein Tier seinen Menschen verliert. In solchen Momenten ist es besonders wichtig, dem Tier die Möglichkeit zu geben, Abschied zu nehmen. Tiere spüren den Tod sie verstehen ihn vielleicht anders, aber sie spüren, dass sich etwas Grundlegendes verändert hat.

Wird ihnen dieser Abschied verwehrt, kann es sein, dass sie den plötzlichen Verlust als Verlassenwerden empfinden. Deshalb ist es ratsam, einer Vertrauensperson zu erlauben, das Tier zum verstorbenen Menschen zu bringen. Oft reicht ein kurzer Moment der Nähe, damit auch das Tier seinen eigenen Trauerweg beginnen kann. Denn Tiere haben eine Seele und sie empfinden tiefe Bindung zu ihren Menschen.

Ich hoffe, dass ich Ihnen mit diesem Buch einen einfühlsamen Einblick in die Welt der Trauer geben konnte und vielleicht durfte ich den einen oder anderen Gedanken mitgeben, der hilft, den Schmerz besser zu verstehen und zu verarbeiten. Und denken Sie daran: Auch die dunkelsten Zeiten gehen vorüber. Und manchmal beginnt Trost mit einer einzigen liebevollen Erinnerung.

Über den Autor: Andreas Berger

Andreas Berger ist Blogger, Autor und kreativer Kopf hinter der Plattform stellanube-animals, einem digitalen Ort des Erinnerns für verstorbene Haustiere.
Mit großer Leidenschaft widmet er sich den Geschichten, Emotionen und einzigartigen Charakterzügen unserer tierischen Begleiter.
Ob Hund, Katze, Hamster oder Kanarienvogel, Andreas Berger versteht es, die Besonderheiten jedes Tieres authentisch und liebevoll darzustellen. Seine Beiträge sind berührend, unterhaltsam und regen zum Nachdenken an. Dabei verfolgt er stets ein Ziel: das Bewusstsein für den Wert und die Würde von Tieren zu stärken.

Mit seinem neuen Buch „**Abschied auf vier Pfoten**" widmet sich Andreas Berger einem Thema, das viele betrifft, aber oft unausgesprochen bleibt: dem Verlust eines geliebten Haustieres. In sensibler und zugleich praxisnaher Weise zeigt er Wege auf, wie man mit der Trauer um ein Tier umgehen kann – und bietet Trost, Verständnis und Perspektiven.

Webseite: www.stellanube-animals.at
Gestalten Sie kostenlos eine liebevolle Gedenkseite und einen persönlichen Nachruf für Ihr verstorbenes Haustier. Entzünden Sie eine virtuelle Kerze, teilen Sie Ihre Erinnerungen – und schenken Sie Trost in einer Gemeinschaft, die versteht.

Ein aufrichtiger Dank gilt allen, die bereit waren, mit mir über
ihre Erfahrungen zu sprechen und dadurch zum Entstehen
dieses Buches beigetragen haben.

Die Menschen Elisabeth Kübler Ross sowie J.William Worden
haben mich mit ihren Büchern ebenfalls sehr inspiriert und ich
habe wissen der Bücher von diesen Personen verwendet.

Nachwort

Zuletzt ein wichtiger Hinweis:

Alle in diesem Buch beschriebenen Vorgänge, Techniken und Ratschläge sind mit Vorbehalt abgegeben. Ich bin weder, Psychologe noch habe ich eine medizinische Ausbildung. Dieses Buch soll lediglich als unverbindlicher Ratgeber dienen und Ihnen zur Information und Orientierung helfen. Das vermittelte Wissen basiert auf Fachliteratur, persönlichen Erfahrungen mit stellanube-animals sowie mehreren Seminaren, da ich mich mit dem Thema seit mehreren Jahren auseinandersetze. Eine Grundlage bildet auch das Seminar bei Certified Excellence, in dem ich die Ausbildung zum Trauercoach bei Haustierverlust erfolgreich absolviert habe. Teile des Gelernten sind in diesem Buch verwendet worden. Die Buch und Webseitenempfehlungen dienen lediglich zur Veranschaulichung; es gibt weit mehr Ressourcen, die hier nicht alle aufgelistet werden können. In diesem Buch vertrete ich meine persönliche Meinung, die möglicherweise im Widerspruch zu anderen, ähnlichen Themen stehen kann. Es ist wichtig, dass Sie professionelle Hilfe suchen, wenn Sie feststellen, dass Sie allein mit Ihrer Trauer nicht fertig werden. Der erste Schritt sollte oft der Besuch beim Hausarzt sein. Es ist nicht notwendig, länger als erforderlich, mit dem Schmerz zu kämpfen, besonders, wenn er Ihr Leben erheblich beeinträchtigt. Dieses Buch bietet lediglich einen Einstieg in die Thematik. Alles Weitere liegt im eigenen Ermessen.